Freiburger Arbeiten zur Soziologie der Diktatur
herausgegeben vom Friedrich Pohlmann

Band 4

Marxismus – Leninismus – Kommunismus – Faschismus

Aufsätze zur Ideologie und Herrschaftsstruktur der totalitären Diktaturen

Friedrich Pohlmann

Centaurus Verlag & Media UG 1995

Die Deutsche Bibliothek – CIP-Einheitsaufnahme

Pohlmann, Friedrich:
Marxismus – Leninismus – Kommunismus – Faschismus :
Aufsätze zur Ideologie und Herrschaftsstruktur der totalitären Diktaturen / Friedrich Pohlmann. – Pfaffenweiler : Centaurus-Verl.-Ges., 1995
(Freiburger Arbeiten zur Soziologie der Diktatur ; 4)
ISBN 978-3-89085-989-7 ISBN 978-3-86226-866-5 (eBook)
DOI 10.1007/978-3-86226-866-5
NE: GT

ISSN 0940-8088

Satz: Vorlage des Autors

Inhalt

Vorbemerkung

Dieses Buch vereinigt eine Reihe von Beiträgen zum Totalitarismusproblem, die zwischen 1991 und 1994 entstanden sind. Die meisten sind aus Vorlesungen zu Lehrveranstaltungen an der Universität Freiburg hervorgegangen, einige beruhen auf Vorträgen, die ich in außeruniversitären Institutionen gehalten habe. In vier der hier gesammelten Abhandlungen, deren Vortragsstil bewußt beibehalten wurde, beschäftige ich mich mit historischen Verzahnungen und strukturellen Ähnlichkeiten zwischen kommunistischen und faschistischen Diktatur- und Ideologieformen. In ihnen werden Gedanken aus meiner Schrift "Ideologie und Terror im Nationalsozialismus", dem ersten Band dieser Reihe, aufgegriffen und ergänzt. Mein Hauptinteresse in diesem Buch ist freilich auf den "Totalitarismus von links" gerichtet, auf die Erkenntnis ideologischer Wurzeln, Entwicklungsmuster und verschiedener Ausprägungen des kommunistischen Systems. Ideologische Voraussetzungen behandle ich in zwei längeren, direkt aneinander anschließenden Aufsätzen über Marx und Lenin, Entwicklungsdynamiken werden anhand der frühen sowjetkommunistischen Entwicklung (bis zur Ära des Hochstalinismus in den 30er Jahren) skizziert, und verschiedene Ausprägungen des kommunistischen Diktaturtyps verdeutlicht eine Studie über die Gründungsphase der DDR. Die Beiträge in diesem Buch sind in sich abgeschlossene, teils polemisch formulierte Essays, deren Anordnung gleichwohl Grundzügen der historischen Entwicklung des Totalitarismusphänomens gerecht zu werden versucht. Dazu einige knappe Bemerkungen.

Der erste Aufsatz ("Aspekte des diktatursoziologischen Vergleichs von Kommunismus und Faschismus") führt in die Gesamtthematik ein. Er steckt den Problemrahmen ab und entwickelt - in ganz komprimierter Form - meine Grundthesen über den historisch-genetischen Zusammenhang und die Strukturähnlichkeiten der kommunistischen und faschistischen Bewegungen und Diktaturen nach dem Ersten Weltkrieg. Das übergreifende Thema der beiden nächsten Aufsätze ist die Herausarbeitung der ideologischen Voraussetzungen des bolschewistischen Kommunismus, mit dessen Machtergreifung im Jahre 1917 das Zeitalter des Totalitarismus in Europa begann. Dabei geht es mir vor allem um eine Untersuchung des Verhältnisses zwischen der Marxschen Theorie und dem Leninismus. Es wird in umfangreichen Werkanalysen der Nachweis versucht, daß die totalitäre Struktur der leninistischen Ideologie in Grundmustern der Marxschen Theorie vorgezeichnet ist; daß Lenins Marxismus nicht als "totalitäre Deformation" dieser Theorie, sondern als eine Fixierung und Konkretisierung ihres eigenen totalitären Kerns begriffen werden sollte. Lenin war - so die These - einerseits der "echteste" Marxist seiner Zeit, er hat am konsequentesten zentrale Intentionen von Marx theoretisch und praktisch so konkretisiert, daß sie zu erfolgreichen Instrumenten im revolutionären Kampf werden konnten. Aber in seinem "Anwendungsversuch" des Marxismus auf das unterentwickelte Rußland hat er diesen zugleich auch revidiert, hat ihm "unmarxistische" Ideologiemuster hinzugefügt und ihm dadurch ein Gepräge gegeben, das als "Marxismus-Leninismus" zur geschichtsmächtigsten Ideologie des 20. Jahrhunderts wurde.

Den beiden Aufsätzen über die ideologischen Voraussetzungen des Sowjetkommunismus schließt sich eine Skizze über Grundmerkmale und die Entwicklungsdynamik des frühen sowjetischen Herrschaftssystems an. Darin wird auch die Auffassung vertreten, daß der "Stalinismus" ein keineswegs zufälliges, durch die psychopathischen Züge eines Einzelnen bedingtes Stadium dieser Diktatur war, sondern im Leninismus wurzelte. Der nächste Aufsatz bündelt die

Ergebnisse der vorherigen in einem abstrakten Begriff von "totalitärer Diktatur", womit zugleich Bezugspunkte für einen Vergleich von kommunistischer und nationalsozialistischer Herrschaft entwickelt werden. Mit dem Nationalsozialismus befassen sich die beiden anschließenden Beiträge. Beide basieren auf dem Kategoriengerüst der Totalitarismustheorie, fügen diesem aber eine genetische Dimension ein, die die engen historischen Beziehungen und Wechselwirkungen zwischen Kommunismus und Nationalsozialismus verdeutlicht. Der letzte Aufsatz ist sicherlich der aktuellste, und auch er thematisiert die "intime Nähe" kommunistischer und nationalsozialistischer Herrschaft. Hier wird die Gründungsphase und der Gründungsmythos der DDR, der Mythos vom "antifaschistisch-demokratischen Aufbruch" untersucht. Auf ihm basierte der Legitimationsanspruch der DDR; und an ihn knüpften sich die kühlen Sympathien, die die DDR auch noch nach ihrem Untergang bei manchen westdeutschen Intellektuellen hervorrief. Freilich enthielt dieser Antifaschismusbegriff von Anfang an als unverzichtbaren Bestandteil ein "Pro": die Intention zum Aufbau einer Diktatur sowjetkommunistischer Prägung, deren Ähnlichkeit mit dem bekämpften "Faschismus" recht bald hervortrat.

Aspekte des diktatursoziologischen Vergleichs von Kommunismus und Faschismus[1]

Seit 1989 sind erst drei Jahre vergangen, aber weil sich seitdem die Wirklichkeit überschlägt, erscheint vielen die Zeit vor diesem epochalen Einschnitt bereits als ferne Vergangenheit. Und die *Distanz*, mit der wir jetzt dieser Vergangenheit gegenübertreten können, betrifft auch manche ideologischen Fixierungen, die - nunmehr zerbrechend - politische Meinungskämpfe über das Verhältnis von Kommunismus und Faschismus oftmals bestimmt haben.

Zwar erschienen im letzten Jahrzehnt der "alten" Bundesrepublik auch innerhalb der "linken" Öffentlichkeit Formeln wie diejenige vom immer "faschismusträchtigen kapitalistischen System" zunehmend wie Relikte aus der hiesigen jungsteinzeitlichen Phase linken Denkens; und ebenso war der Faschismusvorwurf als Instrument zur Diskriminierung von Meinungsgegnern vor allem zum Erkennungszeichen politischer Randgruppen geworden. Aber man könnte an manchen Beispielen unschwer nachweisen, daß Elemente und *Bewertungsschemata* des Verhältnisses von Kommunismus und Faschismus, die *marxistischen* Faschismusbegriffen zugrundelagen, weitverbreitete Stereotypen und Schlüsselsymbole geprägt hatten, welche klare Abgrenzungen von guten und bösen, "progressiven" und "reaktionären" Ansichten zu gestatten schienen und als Auslöser von teilweise hochgradig emotionalen Abwehrhaltungen gegenüber *totalitarismustheoretischen* Denkmustern wirkten.

---

[1] Der Aufsatz ist eine unveränderte Wiedergabe meiner Freiburger Antrittsvorlesung vom 21.10.1992.

Nachdem nun aber der Fall des kommunistischen Systems seine Wirklichkeit unübersehbar offengelegt hatte und seine hierzulande manchmal mißachteten, zumeist aber einfach übersehenen Opfer sprechen konnten, war die rasche Verflüchtigung der Formeln des Anti-Antikommunismus voraussehbar; und Anklänge an Dichotomien von Gut und Böse über das Verhältnis von Kommunismus und Faschismus verloren in politischen Auseinandersetzungen an Überzeugungskraft. Dadurch aber wurde es wieder möglich - ich modifiziere ein wirkungsreiches Motto - vom Faschismus *und* Kommunismus zu sprechen und vom Kapitalismus zu schweigen; und man setzte sich nicht mehr dem Verdacht aus - ich greife einen gängigen Vorwurf auf - durch einen Vergleich mit dem Kommunismus den Faschismus zu "verharmlosen".

Natürlich sind damit auch die Bedingungen für die *wissenschaftliche* Reflexion des Verhältnisses von Kommunismus und Faschismus verändert worden, die nun zum erstenmal in einer Situation stattfinden kann, in der die *beiden* Haupt-"Feinde der offenen Gesellschaft" in diesem Jahrhundert ihre Macht verloren haben.

I.

Ich gebe zunächst einige Stichpunkte zur *Entstehung* der kommunistischen und faschistischen Bewegungen und versuche dabei eine erste Annäherung an die hier gemeinten Phänomene.[2]

Ab dem letzten Jahrzehnt des 19. Jahrhunderts hatte der Marxismus in der internationalen sozialistischen Bewegung eine Hegemonialstellung erlangt, und es ist durchaus berechtigt, mit Kolakowski die Epoche der zweiten sozia-

---

[2] Zugrunde liegt dieser Skizze ein Gedanke, den Norbert Elias (1989, 282ff.) einigemale angedeutet hat.

listischen Internationale als das "goldene Zeitalter des Marxismus" (Kolakowski 1988, Bd. 2, 11ff.) zu bezeichnen, obwohl gerade die Heftigkeit, mit der der sogenannte "Revisionismusstreit" ausgefochten wurde, auch auf eine wachsende untergründige Krise marxistischen Selbstverständnisses hindeutete. Der Kriegsausbruch 1914 aber bedeutete einen massiven Einschnitt: Der in allen Ländern explodierende Nationalismus hatte schlagartig die am sichersten geglaubten Prinzipien des Sozialismus zertrümmert, und als sich dann die sozialistische Bewegung neu formierte, entstanden, an divergente Vorkriegsströmungen anknüpfend und diese zuspitzend, zwei sich mehr und mehr unvereinbar gegenübertretende Positionen. Im November 1917 nun ergriffen die Bolschewiki in einer "Revolution neuen Typs" im kurz vor dem militärischen Zusammenbruch stehenden Rußland die Macht, die sie in einem grausamen Bürgerkrieg behaupteten und sofort für den Aufbau eines völlig neuartigen Gesellschaftssystems nutzten. Damit aber war unausbleiblich, daß die *eine* der Positionen im internationalen Sozialismus sich auf die siegreichen Bolschwewiki, die sich seit 1918 "Kommunisten" nannten, ausrichtete, und daß die *andere* Seite, in ihrem Gegensatz gegen den bolschewistischen Kommunismus ihr Eigenprofil schärfend, sich ganz auf das Ziel sozialer und demokratischer Reformen konzentrierte.

Ich versuche eine Kurzcharakterisierung von Grundmerkmalen der kommunistischen Position, die man ohne weiteres als "leninistisch" bezeichnen kann, weil sie weitgehend das Produkt der revolutionären Energie eines Mannes war.

Der Leninismus ist wesentlich Revolutions- und Diktaturtheorie, deren Zentrum eine höchst eigentümliche - freilich in manchen Merkmalen bei Marx und Kautsky vorgebildete - *Parteikonzeption* ist.

Lenin ging davon aus, daß Marx' Lehre ein Schema umfassender, die Zukunft einschließende Welterklärung bildet, die es für die russische Revolution und die "proletarische Weltrevolution" nur noch "anzuwenden" gelte, und seine bereits 1902 entwickelte Parteikonzeption, in der es viele Anklänge an Grundmotive Baboeufs und Blanquis gibt, war das Kernstück dieser "Anwendung". Ich erwähne nur den wichtigsten Punkt dieses Parteimodells: Lenin teilt Marx' geschichtsteleologisches Schema und die darin der Arbeiterklasse zugeschriebene Mission uneingeschränkt, verwirft aber entschieden den Gedanken, die Arbeiterklasse könne sich kraft eigenen Lernens zur Erkenntnis dieser ihrer Mission emporbilden. Sich selbst überlassen, bleibe die Arbeiterbewegung dem bürgerlichen Bewußtsein verhaftet, sie bedürfe der Führung durch eine in "der Partei" zusammengeschlossene Elite, die die Revolution vorantreibt und vollzieht. (Zur Gesamtinterpretation: Kolakowski 1988, Band 2, 427 ff.).

Lenins Partei, durch das Prinzip des sogenannten "demokratischen Zentralismus" zu einem einheitlich agierenden, schlagkräftigen Instrument geformt, war die *Organisation gewordene Wirklichkeit* einer Ideologie, die auf einer radikalen Zweiteilung der Welt in Gut und Böse beruhte und die militante Überwindung des Bösen postulierte. Die Radikalität von Lenins ideologischer Position äußerte sich besonders kraß in seiner seit 1914 unermüdlich verfochtenen Parole, die Arbeiterklasse müsse allerorten den "imperialistischen Krieg" in einen Bürgerkrieg gegen die eigenen Regierungen umwandeln wie auch in seiner vielfach variierten These vom "historischen Recht" sozialistischer Staaten zur Gewaltanwendung gegenüber kapitalistischen, denn erst die weltweite Niederwerfung des Kapitalismus mache eine *Weltfriedensgesellschaft* möglich.

Fassen wir zusammen: Zwar waren die Bolschewiki 1917 im zerrütteten Rußland als eine - Massenwünsche aufgreifende - "Friedenspartei" an die Macht gekommen, und "Frieden" blieb immer ein Zentralelement ihrer Propaganda; andererseits

seits aber verkörperte diese Partei ein neuartiges Gewaltprinzip, denn sie begriff sich als "Vollstreckerin" einer Ideologie, die einen universalen Geltungs- und Wahrheitsanspruch mit einem Heilsziel verband, das revolutionäre Gewaltanwendung gegen ideologisch fixierte Gegner postulierte. Diese Gegner waren nicht nur soziale Gruppen innerhalb Rußlands, sondern auch andere *Staaten*, und in gewisser Weise *alle* anderen Staaten, und so bezeichnet das Jahr 1917 den Beginn zwischenstaatlicher Frontbildungen einer zuvor nicht gekannten Art. Diese Frontbildungen aber mußten sich zwangsläufig ins Innere der als "klassenfeindlich" definierten Staaten verlängern, mußten dort - durch die Herausbildung eines am Vorbild der Bolschewiki orientierten Zweigs der Linken - die innenpolitischen Konstellationen qualitativ wandeln. Man sollte sich - in Anknüpfung an Theo Pirker (1966) und Hermann Weber (1969, 1991) - vergegenwärtigen, daß die Kommunistische Internationale, die sich 1919 konstituierte, ein vollständiges Novum in der europäischen Staaten- und Parteiengeschichte war: eine straff hierarchisch organisierte *internationale* Partei, deren nationale Sektionen sich als "Vollstrecker" eines von Staat zu Staat überspringenden weltrevolutionären Prozesses begriffen und dabei mehr und mehr zum Ausführungsorgan der Direktiven ihrer sowjetischen Zentrale wurden (zur Gesamtinterpretation: Pohlmann 1992, 31ff.).

II.

Im folgenden einige Stichpunkte zur *Entstehung* und *Grundmerkmalen* der faschistischen Bewegungen.
Einleitend sei gesagt, daß wir den Faschismusbegriff als Oberbegriff für den italienischen Faschismus, Nationalsozialismus und einige Bewegungen der extremen Rechten in der Zeit bis 1945 gebrauchen, wobei es sich von selbst

versteht, daß die Unterschiede zwischen diesen Bewegungen und Systemen - als Varianten eines Grundmusters - präzisierende Zusatzbestimmungen der jeweiligen Form notwendig machen.

Wir haben gerade einen ersten Hinweis zur zeitlichen Eingrenzung des hier gemeinten Phänomens gegeben, der im folgenden - wiederum in extremer Schematisierung - erweitert werden soll.

Die Entstehung eines qualitativ neuartigen Typus politischer Bewegungen von "rechts" war das Produkt des Ersten Weltkrieges und seiner unmittelbaren Folgewirkungen. Zu einer Faustformel zusammengefaßt: Dort in Europa, wo es zu einem massiven Zerrüttungsprozeß der Gesellschaftsordnung im unmittelbaren Gefolge des Ersten Weltkrieges gekommen war, entstanden - komplementär zur Herausbildung einer revolutionären Linken - qualitativ neue Bewegungen von "rechts", in denen sich Kriegserfahrungen und Nachkriegsschocks zu einem Emotionenbündel formten, aus dem das faschistische Grundmuster erwuchs. (Vgl. hierzu und zum folgenden: Pohlmann 1992, 279ff.). Dieses Grundmuster wollen wir wie folgt charakterisieren: Totalfeindschaft gegen die kommunistische Linke, eine Radikalität der Gegnerschaft gegen die "Ideen von 1917", die sich von allen konservativen, liberalen und christlichen Formen des Antikommunismus deutlich unterschied. Und diese Feindschaft wurde nicht nur - in abgeschwächter Form - auf alle anderen linken Gruppierungen *übertragen*, sondern auch zu einem unüberbrückbaren Gegnerschaftsverhältnis gegen den liberaldempkratischen Verfassungsstaat, gegen die "Ideen von 1789" weitergebildet. Gewisse konservative Ideologiemuster zuspitzend, wurde "1789" als "Vorläufer" und "Wegbereiter" von "1917" begriffen, und da sich in diesen miteinander verknüpften Gegnerschaftsverhältnissen nichts anderes ausspricht als eine Radikalabwehr aller Gleichheits- und Universalitätspostulate, war damit auch

ein höchst spannungsvolles Verhältnis zum Christentum - zu christlichen Gleichheits- und Universalitätsprinzipien - mitbegründet.
Die Gegnerschaft gegen Kommunismus und liberale Demokratie - materialisiert in politischen Kampforganisationen - war Basis *gegenideologischer* Entwürfe, in denen zwei Grundmerkmale variiert wurden: *Erstens* die Ersetzung von Universalitäts- und Gleichheitsprinzipien durch die Behauptung einer "naturgegebenen Ungleichheit" der Völker und der Angehörigen des eigenen Volks, das gleichwohl als eine irgendwie geartete Solidargemeinschaft begriffen wurde, und *zweitens* die Konkretisierung des eigenen Ziels durch Bezug auf eine idealisierte und mythisierte Vergangenheit des eigenen Volks. Alle Faschismen fassen Zukunft als militante Zurückgewinnung eines Vergangenen auf, und sie bilden damit einen extremen Gegenpol zum kommunistischen Fortschrittsoptimismus, in dem Zukunft als militant-planmäßige Verwirklichung eines geschichtlich vorbestimmten Noch-Nie-Gewesenen erscheint.
Wir deuteten auf den Gewaltcharakter der faschistischen *Kerntruppen* hin, aber dadurch darf nicht in den Hintergrund treten, daß die beiden wichtigsten Faschismen sich zugleich als *Massenparteien* verstanden und solche wurden. Daß "die Masse" - und keineswegs die alten Eliten - das Hauptobjekt ihrer Propaganda und Agitation war, bezeichnet einen weiteren Unterschied zur traditionellen Rechten, und die *Form* dieser Massenpropaganda war von ganz erstaunlichen Angleichungen an diejenige der radikalen Linken geprägt. Auch sollte darauf hingewiesen werden, daß die "Führer" der faschistischen Bewegungen nicht der alten Elite entstammten, obwohl es natürlich Annäherungen der alten Eliten an diese Bewegungen gab und "Bündnisse" zwischen alten Machteliten und faschistischen Bewegungen auch für die faschistischen Systeme charakteristisch wurden.

Erwähnen wir zuletzt noch zwei Merkmale, die in jeden allgemeinen Faschismusbegriff Eingang finden sollten: Die durch das "Führerprinzip" bestimmte Organisationsstruktur dieser Bewegungen, wobei die Führerstellung "des Führers" an der Spitze in den beiden wichtigsten Faschismen als Ausformung eines charismatischen Machtverhältnisses im Sinne Max Webers zu verstehen ist; und zweitens ihr zugleich konterrevolutionärer *und revolutionärer* Anspruch, den man durchaus ernst nehmen sollte. Denn natürlich sind auch "Revolutionen von rechts" möglich; und daß die faschistischen Systeme revolutionäre Wandlungen bewirkten, wird nur derjenige ungeprüft bestreiten, der den Revolutionsbegriff nur dann anwenden will, wenn auch grundsätzliche Veränderungen der ökonomischen Sphäre erfolgen.

Auf der Basis der Merkmalsskizze eines *allgemeinen* Faschismusbegriffs lassen sich unschwer die Besonderheiten seiner deutschen Form ("Radikalfaschismus") bestimmen: Nur der Nationalsozialismus hat die Radikalnegation von "1917" und "1789" in ein totalitäres Ideologiesystem eingebettet, das dem kommunistischen strukturell ähnelt. Dieses Ideologiesystem beruht auf rassistischen Fiktionen, die dem kommunistischen Klassenkampfschema entgegengesetzt werden (Rassenkampf versus Klassenkampf) und auf einem rassenbiologischen Antisemitismus, in dem die Urheberschaft für alle bekämpften Phänomene - insbesondere für den Kommunismus - der biologischen Ausstattung einer bestimmten Menschengruppe zugeschrieben wird (zum Gesamtzusammenhang: Pohlmann 1992, 195-295). Dies führte zur Verbindung von zwei Worten ("jüdischer Bolschewismus"), und mir scheint, daß in dieser Verbindung das wichtigste ideologische Muster dieser Radikalform des Faschismus, das Antriebspotential für das, was geschah, zusammengefaßt ist.

III.

Schon in den zwanziger Jahren sind die kommunistischen und die faschistischen Bewegungen, deren Grundmerkmale wir gerade skizziert haben, als Varianten eines neuen politischen Prinzips begriffen worden, das man "Totalitarismus" nannte. Nach der Machtübernahme der nationalsozialistischen Bewegung mehrten sich die Versuche, die beiden feindlichen Systeme als unterschiedliche Formen eines ganz neuartigen Diktaturtypus zu begreifen, aber erst Anfang der 50er Jahre entstanden die ausgereiften Arbeiten über die "totalitäre Diktatur", von denen Hannah Arendts sozialphilosophische Schrift mittlerweile den Rang eines Klassikers einnimmt (zur Gesamtinterpretation der Totalitarismustheorien: Pohlmann 1992, 97-147).
Diese Arbeiten analysierten vor allem den Nationalsozialismus und den Sowjetkommunismus, und sie glaubten in beiden Diktaturen einen *Primat der Politik* verwirklicht. Sie entwickelten die These, daß beide Systeme eine Reihe bedeutsamer *Strukturähnlichkeiten* aufwiesen. Diese Ähnlichkeiten würden plastisch hervortreten, wenn man diese Diktaturen auf andere politische Ordnungen - den Verfassungsstaat, ältere Formen der Autokratie - beziehe, und aus den so gewonnenen Merkmalen lasse sich ein typologisches Konstrukt von "totalitärer Diktatur" entwickeln. Die Anwendbarkeit dieses Konstrukts wurde nur für *bestimmte Phasen* beider Dikaturen behauptet. Alle Totalitarismustheoretiker bekundeten unmißverständlich ihre den Prinzipien des liberaldemokratischen Verfassungsstaates entspringende Gegnerschaft gegen die von ihnen analysierten Diktaturen.
Meines Erachtens hat die Totalitarismustheorie die entscheidenden Fragen gestellt, und ich möchte im folgenden noch einmal ihre Ausgangsüberlegungen aufgreifen: Gab es

wesentliche Ähnlichkeiten zwischen dem Sowjetkommunismus und dem Nationalsozialismus? Ist es möglich, diese Dikaturen trotz ihrer völlig divergenten historisch-sozialen Ausgangsbedingungen als Varianten eines neuen Herrschaftstypus aufzufassen?
Ich glaube, daß sich diese Frage bejahen läßt, und ich will im folgenden die mir am wichtigsten erscheinenden Ähnlichkeiten zusammentragen. Es versteht sich von selbst, daß meine Ausführungen nur Hinweischarakter haben können und daß ich zeitlich entfernte Geschehnisse gewissermaßen zu Prinzipien verdichten muß. Bezüglich des Kommunismus beziehe ich mich vor allem auf die sogenannte stalinistische Ära, denn der Begriff von "totalitärer Diktatur", auf den ich hinauswill, ist nur mit großen Einschränkungen auf die nachstalinistische Phase anwendbar.

Beginnen wir mit dem Einfachsten: Beide Diktaturen beruhten auf dem Machtmonopol straff hierarchisch strukturierter *Parteien*, deren Machtergreifung durch extrem politisierte *Massen* ermöglicht wurde und die ihren Herrschaftsanspruch durch Verweis auf einen irgendwie gearteten Massenwillen ("des Volkes", "der Arbeiter und Bauern") abzustützen versuchten.
Bereits das an den Anfang gestellte Merkmal "Einparteiendiktatur" hebt diese Systeme von früheren Diktaturformen (solchen des monarchischen Typs oder Militärdiktaturen) ab, und auch ihr Legitimationsanspruch - "Vollstrecker" eines Massenwillens zu sein - ist gegenüber demjenigen nichtdemokratischer Herrschaftssysteme traditioneller Prägung ein Novum. Er hat zur Voraussetzung, daß das demokratische Prinzip gesellschaftlich wirksam geworden ist; eine erste Ausformulierung findet er in Rousseaus Konzeption der "heteronom legitimierten Demo-

kratie" (zum Begriff: Fraenkel 1970), einer Konzeption, die bekanntlich die einzige Leidenschaft Robespierres war.

Beide Einparteiendiktaturen erscheinen auch in ihrem Verhältnis zu den Hauptinstitutionen des ihnen vorhergehenden Staates (Militär, Staatsbürokratie, Justiz) als keineswegs unvergleichbar, in gewisser Weise nur als unterschiedlich radikale Ausformungen eines Prinzips: Der alte Staatsapparat wurde entweder völlig zerschlagen und durch reine Parteiinstitutionen ersetzt - so in der Sowjetunion -, oder er wurde schrittweise aufgelöst, so in Deutschland; hier standen sich längere Zeit neue Partei- und alte Staatsapparate - trotz vielfältiger Durchdringungsprozesse - auch, miteinander rivalisierend, gegenüber, bis sich der Primat der Partei mit ihren Sonderexekutivapparaten gegenüber den staatlichen Institutionen immer mehr durchsetzte.

Auch in folgendem Punkt erscheint die Entwicklung des Machtsystems beider Einparteiendiktaturen durchaus vergleichbar: in der Herausbildung einer *despotischen* Stellung des Parteiführers nämlich, und dieses Element, die despotische Stellung des Parteiführers, ist für den Begriff der "totalitären Diktatur" von wesentlicher Bedeutung. Ich behaupte, daß diese Entwicklung in beiden Fällen nicht "zufällig" war, daß ein - freilich jeweils unterschiedlicher Mechanismus zum Despotismus - von vornherein in beide Diktaturen eingebaut war. Er steckte in Deutschland in Besonderheiten der *charismatischen* Legitimierung der Führerstellung (hierzu: Pohlmann 1992, 286ff.); und bezüglich der Sowjetunion zeigen sich seine ersten Umrisse bereits in Lenins Partei- und Diktaturkonzeption selbst - Trotzki hat diesen Mechanismus bereits 1904 erahnt.

Das gerade für die deutsche Entwicklung benutzte Wort "charismatische Führerstellung" trifft freilich auch einen Sachverhalt der sowjetischen Entwicklung und weist damit auf eine weitere Parallele hin. Ich will das kurz erläutern: Während in Deutschland die Parole "Der Führer hat immer recht" die propagandistische Fixierung eines personengebundenen charismatischen Beziehungsmusters war, war die Vergottung eines Mannes wie Stalin, dem ursprünglich kein persönliches Charisma zugeschrieben worden war, nicht nur die Konsequenz seiner despotischen Machtanhäufung selbst. Sondern in dieser Vergottung bündelte sich zugleich das gesamte Charisma, das in der kommunistischen Bewegung einer *Lehre und* einer *Organisation* zugeschrieben worden war. Der wahrheits- und heilsspendende Charakter des Marxismus war die Grundprämisse der Leninschen Parteikonzeption, und diese Grundprämisse wurde von ihm zur These weitergetrieben, daß nur einer kleinen Elite - der Parteispitze - die richtige Erkenntnis dieser Lehre möglich sei. Lenins These vom *Erkenntnismonopol* der Partei hatte zur Konsequenz, daß das Charisma einer Lehre sich in den obersten Parteigremien institutionell kristallisierte. Als sich nun aus diesen Gremien die despotische Stellung einer Person herausbildete, ging das gesamte Charisma der Lehre und der Institution auf diese *Person* über, wodurch dessen Worte innerhalb der kommunistischen Bewegung unfehlbar wurden. Man kann diese Gedankensequenz weiterverfolgen: Als der Despot starb, mußte sich die Organisationsstruktur der Partei wandeln (vgl. Nowak, 1987; Siegel 1992): Ein Reinstitutionalisierungsprozeß, ein Prozeß der Spezifikation der Kompetenzen in der nunmehr wieder stärker kollektiv bestimmten Führungsebene der Partei war unausbleiblich. Die Stellung des Generalsekretärs hob sich aus diesem Führungsgremium wieder als "Amt" heraus, dem gewissermaßen die wahrheits- und heilsspendende Kraft der Lehre anhaftet ("Amtscharisma"). Als nun der letzte Generalsekretär der Partei vor einigen Jahren Lenins These vom Erkenntnismonopol der Partei in

Frage stellte, mußte sich mit dem Charisma seines Amtes und demjenigen der Lehre, auf dem es beruhte, auch die ganze Basis dieses mächtigen Imperiums über Nacht ins Nichts auflösen.

Ich war ausgegangen von einem spezifizierten Begriff der Einparteiendiktatur, der auf den Nationalsozialismus und den Sowjetkommunismus zutrifft, und hatte dann einige durchaus vergleichbare Prozesse in beiden Diktaturen angedeutet (Zerstörung bzw. Auflösung des alten Staatsapparates, Despotismus, charismatische Muster). Wir müssen jetzt aber noch einmal zum Ausgangsbegriff "Einparteiendiktatur" zurückkehren. Dieser Begriff bleibt vage, wenn man nicht spezifiziert, welche Machtquellen in den Händen der Partei monopolisiert und in diktatorische Beherrschung umgesetzt werden. Indem wir diese Spezifizierung vornehmen, enthüllt sich zwischen faschistischer und kommunistischer Diktatur ein nicht nur gradueller, sondern qualitativer Unterschied. In der *faschistischen* Diktatur waren das Ideologiemonopol und die monopolistische Verfügungsgewalt über die politischen Zwangsmittel in der Partei konzentriert, während die dritte zentrale Machtquelle - die Produktionsmittel - trotz plan- und kriegswirtschaftlicher Ausrichtungen der Wirtschaft - noch weitgehend in den Händen privater Eigner blieb. In der *kommunistischen* Diktatur aber war das Machtpotential der Partei durch ihr Produktionsmittel-Monopol noch einmal multipliziert, und dieses *dreifache* Machtmonopol der Partei bedeutete eine in der Geschichte ihresgleichen suchende Macht-Monopolisierung einer Gruppe (zu dieser Untescheidung zwischen beiden Diktaturen vgl. Nowak 1987).

Die gerade getroffene Untescheidung aber hat eine Konsequenz für die Verwendung des Begriffes der "totalitären Diktatur" in Bezug auf die beiden Herrschaftssysteme, die ich gleich ansprechen will. Davor aber scheint ein kleiner Hinweis sinnvoll: Manchmal werden mit dem Begriff "totalitäre Diktatur" vage Bilder einer "total" beherrschten Gesellschaft verknüpft, wobei dann "totale" Beherrschung typischerweise als "totale" Durchnormierung verstanden wird. Beim Gebrauch des Begriffes sollten wir derartige Bilder von vornherein ausschließen. Denn der Begriff der "totalen" Beherrschung charakterisiert nicht einmal die Schreckensstätten dieser Diktaturen angemessen (vgl. Pohlmann 1992, 355-404), und ein extrem durchnormiertes, nach außen abgeschlossenes System ist - selbst bei massiven Sanktionsnormen - ich möchte fast sagen: "humaner" als die sich in diesen Diktaturen entwickelnde Gesetzlosigkeit, die nicht Furcht, sondern *Angst* erzeugt, und was dieser Unterschied zwischen Furcht und Angst bedeutet, war bereits den Klassikern des politischen Denkens - einem Hobbes, einem Montesquieu - wohlvertraut. Wir dürfen also die Durchdringung, Kontrolle und Uniformierung gesellschaftlicher Lebensbereiche durch Parteiorganisationen in beiden Diktaturen, die Einebnung der für die liberale Demokratie konstitutiven Differenz zwischen politischer und gesellschaftlicher Sphäre, nicht mit Vorstellungen von "totaler" Beherrschung oder "totaler" Ordnung verbinden, können aber freilich sagen, daß der Beherrschungsgrad der Gesellschaft sich in beiden Diktaturen voneinander unterschied: Da nur im Kommunismus aufgrund des dreifachen Machtmonopols der Partei auch die Wirtschaft vollständig von den Machtinteressen und ideologischen Zielen der Partei druchdrungen werden konnte, wurde hier die Aufhebung der liberal-demokratischen Differenz zwischen Staat und Gesellschaft noch sozusagen eine Stufe weitergetrieben als im Faschismus, der in *dieser* Hinsicht als eine gewissermaßen noch unvollständige Ausprägung von totalitärer Diktatur erscheint.

Sehr ähnlich wiederum war in beiden Diktaturen die *formale* Struktur ihrer zentralen Ideologiemuster, welche -

inhaltlich - eine unüberbrückbare Gegnerschaft zur jeweils anderen propagierten (zur inhaltlichen und formalen Struktur beider Ideologien: Pohlmann 1992). Drei Grundmerkmale stechen bei beiden Ideologien ins Auge: *Erstens* ihr dogmatischer Anspruch auf Totalerklärung der vergangenen, gegenwärtigen und zukünftigen Wirklichkeit, deren Entwicklung aus wenigen pseudowissenschaftlichen Grundaxionen "abgeleitet" wird. *Zweitens* ihr Charakter als *Aktionsprogramm* zur Verwirklichung eines "Heilszieles". Dieses Heilsziel - so die Konstruktion - entspreche sowohl einem Geschichtsgesetz als auch dem "eigentlichen" Willen des eigenen Kollektivs, den freilich erst die Machthaber ans Licht gebracht und als Gesetz und Ziel verkündet hätten. Zugrunde liegt also ein Identifikationsschamatismus zwischen dem Willen der Herrschenden und Beherrschten, die Behauptung, in "der Partei" bzw. "dem Führer" sei das Kollektiv als Willens- und Aktionseinheit verkörpert. Dieses Ideologiemuster bestimmte die Propagandaschlagworte, und es war ein wirkungsvolles Indoktrinationsinstrument in den Organisationen zur Integration der Jugend. Seinen sinnfälligsten Ausdruck aber fand es in den *Massenkulten* beider Diktaturen. Diese Massenkulte waren trotz ihrer völlig unterschiedlichen Symbolik sehr formähnlich, und sie sollten in ihren Menschenarchitekturen ein überdimensionales, gewissermaßen ideales Bild von der Identität des Führer- und Volkswillens vermitteln. Eines ihrer Hauptelemente waren ritualisierte Bekundungen der Opferbereitschaft, die das Opfer für die Diktatoren als Opfer für das Kollektiv und die Erreichung seines Geschichtsziels erscheinen lassen sollten.

Drittes Grundmerkmal beider Ideologien war die Ausbildung eines unüberbrückbaren Freund-Feind-Gegensatzes, einer radikalen Zweiteilung der Welt in Gut und Böse, und dieses Merkmal - ein Begriff vom absoluten Feind - ist so wesentlich, daß viele Theoretiker es in den Mittelpunkt ihrer Definitionen von "totalitärer Diktatur" stellen. Die Folgen derartiger Feindbilder hat wohl am grundsätzlichsten Konrad Lorenz (vgl. Lorenz 1974, 222ff.) untersucht, aber besonders Hannah Arendt hat eindringlich geklärt, wodurch sich uralte Formen derartiger Feindbilder von denjenigen in *diesen* Diktaturen unterscheiden. Hier werden nämlich die "Feindgruppen" primär als Träger "objektiv feindlicher" Eigenschaftsbündel konstruiert, deren Tun weniger Ergebnis eines bösen Wollens, sondern ihres - sozialen oder biologischen - "Seins" sei; ihre gewalttätige Ausschaltung wird ganz wesentlich als ein Akt der "objektiven Notwendigkeit" postuliert, als "objektive" Voraussetzung zur Verwirklichung des geschichtlich vorgegebenen Heilsziels der Eigengruppe. In gewisser Weise geht es also um abstrakte, pseudowissenschaftlich begründete "Kategorien" von Gut und Böse, die freilich als solche nur in der Emotionsarmut intellektuellen Denkens zu wirken vermögen. Ihre *massenpropagandistische* Umsetzung und Wirkung ist an die Erzeugung extremer Emotionen geknüpft, was auch die Indoktrination in den Jugendorganisationen der beiden Parteien zeigte. Die Indoktrinationsmaximen sind in beiden Diktaturen in Sätzen zusammengefaßt, die fast wortgleich sind (Einimpfung von "Liebe" zur Eigengruppe und "Haß" auf den Feind; vgl. Lieber, 1985, 116).

Unsere Skizze der wichtigsten formalen Muster beider Ideologien gestattet folgendes Resumée: Das pseudowissenschaftliche Fundament dieser Ideologien, ihre Prämisse der Machbarkeit von Welt und ihr Appell an Massen sind spezifisch modern, während ihre Heilskonstruktionen Variationen alter Religionsmuster darstellen. Es handelt sich hier gewissermaßen um militante, *anthroprozentrische Religionen*, und es ist vielleicht diese Vermischung sehr alter mit modernen Motiven, die die Anziehungskraft dieser Ideologien begründete. Daß diese Aussage bedeutsamer Einschränkungen bedarf, wenn man die Heilsziele beider Ideologien hinsichtlich ihrer *Inhalte* betrachtet - die offen barbarischen der einen, die an sich humanen der anderen -, ist evident.

Kommen wir nun zum letzten Punkt.
Ein weiteres Zentralkriterium für die Totalitarismustheorie, beide Herrschaftssysteme als Formen eines neuartigen Herrschaftstypus zu interpretieren, war die *Terrorentwicklung* in ihnen. Deren Hauptchrakteristikum sei keineswegs - so insbesondere Hannah Arendt - die für traditionelle Despotien charakteristische *Gewaltwillkür*, sondern der Terror gegen Gruppen, die qua Ideologie zu "objektiven Feinden" gestempelt wurden. Die Verbindung von Ideologie und Terror sei in *bestimmten Phasen* beider Diktaturen in massiver Eindeutigkeit hervorgetreten, und in diesen Phasen kristallisiere sich beider Essenz und das Hauptcharakteristikum von totalitärer Diktatur als eines neuen Herrschaftstyps.
Dieser zunächst unmittelbar einleuchtende Gedanke bedarf einer gewissen Ergänzung. Zwar lassen sich Grundlinien der nachrevolutionären Entwicklung in der Sowjetunion und die Geschehnisse bei der Zwangskollektivierung der Landwirtschaft in diesem Sinn deuten, und in Bezug auf Deutschland ist der Gedanke auf Anhieb evident, er versagt aber angesichts solcher Phänomene wie der "Parteisäuberungen" in der kommunistischen Diktaturform, deren unübertroffenes Beispiel die Exzesse der Jahre 1937/38 in der Sowjetunion darstellen (vgl. Pohlmann 1992, 335f.). Denn es ist unmöglich, ein Geschehen wie die sogenannte "große Säuberung" 1937/38, in der sowohl die ideologietreuesten Parteimitglieder als auch jeder einfache Bürger in den Verdacht der Gegnerschaft gerieten und entsprechend behandelt werden konnten, auf ideologieimmanente

Auslösemechanismen zurückzuführen. Hier wurde ja gerade die Loyalität zur traditionellen Partei-Ideologie aufgelöst und durch eine nicht mehr steigerbare Loyalität zum Despoten (was immer derselbe tun und sagen mag) ersetzt. Neuere theoretische Modelle (Kolakowski 1988, Bd. 3; Nowak 1987; Siegel 1992) wissen überzeugend zu begründen, daß es in der kommunistischen Diktaturform eine *eigendynamische* Entwicklungstendenz zu derartigen Gewaltprozessen gibt, daß - *nach* der ideologisch stimmulierten gewalttätigen Transformation der Gesellschaft *durch* die Partei - die Gewalt *gegen* die Partei gewissermaßen von selbst zum ersten Tagungsordnungspunkt aufrückt. (Übrigens legt auch die an Intensität mit der sogenannte "großen Säuberung" der Jahre 1937/38 durchaus vergleichbare chinesische Kulturrevolution den Gedanken an eine derartige Eigendynamik nahe.)
Solche Phänomene wie die Parteisäuberungen sind mittels eines auf die *Verbindung* von Ideologie und Terror fixierten totalitarismustheoretischen Konzepts nicht mehr zu erfassen. Freilich läßt sich andererseits sagen, daß gerade die sog. "große Säuberung" der Jahre 1937/38 dem Herrschaftssystem zwei Grundmerkmale aufprägte, die von der Totalitarismustheorie immer als Charakteristika von "totalitärer Diktatur" begriffen wurden, und die sich auch in der faschistischen Diktaturform finden. Diese beiden Merkmale sind "Anomie" und "Einheit". Daß beide Diktaturen die Gesellschaft in einen Zustand künstlicher Anomie hineintrieben, auf dessen Basis erst ihre extreme herrschaftliche Vereinheitlichung möglich wurde, haben die Totalitarismustheorien immer betont, und gerade die Geschehnisse von 1937/38 bieten eine grelle Veranschaulichung dieser Verbindung - in einer atomisierten Bevölkerung, die zu einer fast perfekten, auf den Despoten ausgerichteten Einheit zusammengeschweißt war.

Fast möchte ich behaupten, daß man im Anschluß daran das "Wesen" der totalitären Diktatur in einer kurzen Formel zusammenfassen kann: Es handelt sich um Einparteiendiktaturen, die die Gesellschaft in Zustände künstlicher Anomie hineinzwingen, sie auf den Führer dieser Partei hin zusammenschweißen, der sie zu erlösen verspricht und in die totale Katastrophe treibt.

Literatur:

H. Arendt, Elemente und Ursprünge totaler Herrschaft, 1962.

N. Elias, Studien über die Deutschen, 1989.

E. Fraenkel, Strukturanalyse der freiheitlich-rechtsstaatlichen Demokratie, in: Historische Gegenwartskunde, J. Rohlfes/H. Körner (Hg.), 1970.

L. Kolakowski, Die Hauptströmungen des Marxismus (3 Bde.), 1988.

K. Lorenz, Das sogenannte Böse, 1983.

L. Nowak, A Model of Socialist Society, in: Studies in Soviet Thougt 34, 1-55, 1987.

F. Pohlmann, Die Strukturtheorie des Kapitalismus bei Karl Marx, 1987.

Ders., Anmerkungen zum Verhältnis von Ideologie und Terror im Nationalsozialismus. In: Macht und Recht. H. Oswald (Hg.). Festschrift für Heinrich Popitz, 1990.

Ders., Ideologie und Terror im Nationalsozialismus, 1992.

A. Siegel, Die Dynamik des Terrors im Stalinismus, Freiburger Arbeiten zur Soziologie der Diktatur (Bd. 3), hrg. von F. Pohlmann, 1992.

Grundmotive und totalitäre Muster der Marxschen Theorie[3]

In einer früheren Arbeit über Marx (Pohlmann 1987) habe ich die Thesen vertreten, die Gedankenfiguren der Frühschriften von Marx und diejenigen seines ökonomietheoretischen Spätwerks wiesen - wenn überhaupt - eine nur höchst begrenzte Ähnlichkeit auf; und es sei möglich, das "Kapital", Marx' Willen zur revolutionären Weltveränderung ausklammernd, als eine "rein-wissenschaftliche" "Strukturtheorie des Kapitalismus", als einen differenzierten Vorgänger moderner Systemtheorien zu deuten. Ich halte diese Thesen mittlerweile für verfehlt. Natürlich konzediere ich, daß das Marxsche Werk - wie jede bedeutende Philosophie - recht unterschiedliche Lesarten gestattet, aber ich behaupte auch, daß ein Dissens über eines kaum möglich ist: daß der Wille zur totalen Neuordnung der Gesellschaft - die Revolutionstheorie - nicht nur das Herz der frühen Schriften von Marx ist, sondern auch im "Kapital" alle Analysen befeuert und prägt; daß also Deutungen, die die *Zentralität* des Revolutionsgedankens im Spätwerk unbeachtet lassen, den ungeheuren Anspruch dieser Theorie und daraus erwachsende Eigentümlichkeiten ihrer Konstruktionen verfehlen müssen.

Im vorliegenden Aufsatz sollen die Grundlinien der Denkentwicklung von Marx transparent gemacht werden. Es geht um den Aufweis, daß die dialektisch-teleologische Geschichtsphilosophie des jungen Marx, in der sich sein "Wille zur Revolution" erstmals begrifflich formte, auf allen Stufen seines Denkens als strukturierendes Schema wirksam blieb; daß diese Geschichtsphilosophie - in Transpositionen auf die Ebene soziologischer und ökonomischer Theorie - zwar ihre Form wandelte, daß diese Formverwandlung aber keineswegs eine Revision, sondern eine

[3] Dieser Aufsatz entstand im Herbst 1993.

Präzisierung ihrer Grundmotive zur Folge hatte. Das "Kapital" ist die "wissenschaftliche" Konkretisierung einer Geschichtsphilosophie, die fortschrittsoptimistische und radikal-reaktionäre Denkmuster in eigentümlicher Weise miteinander verknüpft und den Anspruch erhebt, die Wirklichkeit in ihrer "Totalität" und die historisch vorgegebene Notwendigkeit ihrer totalen revolutionären Umwandlung "auf den Begriff" gebracht zu haben. Aus geschichtsphilosophisch gewonnenen Glaubens- und Heilsgewißheiten entwickelt sich im "Kapital" ein Bild vom Kapitalismus, das mit außerordentlicher Intensität bisher Verdecktes sichtbar macht; aber in seiner Gesamtkonzeption ist dieses Bild ein Zerrbild, das Abbild übermächtiger "religiöser" Denkmuster und Emotionen, gegen die die Evidenz der Empirie chancenlos bleibt. Wir werden aufzeigen, daß Marx' zentrale "Gesetze der kapitalistischen Entwicklung" ("Widerspruch" zwischen Produktivkräften und Produktionsverhältnissen; Zwei-Klassen-Antagonismus; Verelendung) von seinen geschichtsphilosophischen Prämissen gewissermaßen "erzwungene" Konstruktionen sind; Konstruktionen, die das "Apriori" des Marxschen Denkens, den Willen zur revolutionären Systemtransformation, als gleichsam "logisches" Resultat einer "wissenschaftlichen" Analyse erscheinen lassen sollen, als das wichtigste "Entwicklungsgesetz" des Kapitalismus, in das schließlich alle seine "Einzelgesetze" einmünden.

Der Begriff der "totalitären Ideologie" wird von Totalitarismustheoretikern normalerweise nur zur Kennzeichnung gewisser Umbildungen der Marxschen Lehre benutzt, für den Leninismus oder die staatsoffizielle Sowjetideologie etwa. Ich habe früher diese Auffassung geteilt, tendiere jetzt aber zu einer Revision: Marx' Theorie selbst enthält bereits die wesentlichen Merkmale eines derartigen Ideologietypus, und Lenins Marxismus stellt

keine "totalitäre Deformation", sondern die unzweideutige Fixierung des totalitären Kerns dieser Theorie dar. Bei Lenin ist nur auf den Punkt gebracht, was die Essenz dieser komplexen Lehre ist: Der Anspruch auf eine "wissenschaftliche" Totalerklärung und *Totalheilung* der Welt; Totalheilung durch eine revolutionäre Praxis, die sich als Aktion gewordenes Wissen vorgegebener Geschichtsgesetze, die sie nur "vollstreckt", begreift.
Wir werden in dem an Marx anschließenden Aufsatz über den Leninismus aufzuzeigen versuchen, daß Lenin zwar einerseits als der "echteste" Marxist seiner Zeit begriffen werden kann, daß aber sein "Anwendungsversuch" des Marxismus auf das unterentwickelte Rußland auch wichtige "unmarxistische" Ideologiemuster zeitigte. Lenin hat Marx'Lehre konsequent fortgebildet und zugleich revidiert, und er hat damit dem Marxismus dasjenige Gepräge gegeben, das ihn zur geschichtsmächtigsten Ideologie des 20. Jahrhunderts werden ließ.

I. Grundmotive der Marxschen Frühschriften: Die dialektisch-teleologische Geschichtsphilosophie und das Entfremdungstheorem

Hauptthema der Marxschen Frühschriften (zur thematischen und zeitlichen Unterteilung der Frühschriften vgl. Popitz 1967, 7f.) ist keineswegs die materielle Not irgendeiner sozialen Gruppe in der Gegenwartsgesellschaft, sondern die "Entfremdung" *des* Menschen, die - so spätestens in den "Pariser Manuskripten" von 1844/45 - in der Wirklichkeit "des Proletariats" ihre nicht mehr steigerbare Ausprägung erfahren habe. Marx hat, wie wir schon anmerkten, später den Entfremdungsbegriff kaum noch benutzt, aber er hat sachlich immer an den anthropologischen und geschichtsphilosophischen Grundmustern, die sich in diesem Begriff konzentrieren, festgehalten. Diese Grundmuster sind geistesgeschichtlich neuartig, aber diese Neuartigkeit ist ganz wesentlich auch das Ergebnis einer Verallgemeinerung und Transformation von Theoremen und Gedankenfiguren, die in der deutschen Philosophie weit verbreitet waren. Es erleichtert das Verständnis von Marx' Entfremdungsbgriff, wenn man auf einige seiner Vorläufer hinweist.

1. *Hinweise auf Vorformen des Entfremdungstheorems im Deutschen Idealismus*

Wir wollen zunächst, im Anschluß an Popitz (ebda. 72) und Kolakowski (vgl. ders., 203ff.), die ständige Erweiterung des Entfremdungsbegriffs von Hegel über Feuerbach zu Marx hervorheben, welche mit Marx' Entwicklung eines - Hegel "umstülpenden" - materialistischen Geschichtsverständnisses verbunden war: Bei Hegel bezeichnet "Entfremdung" ein spezifisches phänomenologisches Stadium des zur Erkenntnis seiner selbst kommenden Geistes, Feuerbach dagegen bezieht den Begriff bereits auf die "irdische Wirklichkeit". Aber er umschreibt hier nur die Entzweiung des Menschen mit sich selbst, die durch die christliche Religion geschaffen worden sei, die Projektion "wahrer Menschlichkeit" auf ein Übermenschliches, auf Gott. Marx hingegen, der den Menschen von vornherein als ein praktisches Wesen begreift, verlegt die Quelle aller Entfremdung in eine spezifische Beschaffenheit menschlicher Arbeit, und er bestimmt "entfremdete Arbeit" in einer Weise, daß "Entfremdung" als ein Grundmerkmal der Situation des Menschen in seiner gesamten überblickbaren Geschichte aufgefaßt werden muß. Aber die Geschichte wird von Marx auch als ein *Wachstumsprozeß* von "Entfremdung" und zugleich als ein Vorgang der Reifung der Bedingungen zu ihrer vollständigen Überwindung gedacht: Erst die Gegenwart, das Stadium schärfster Ausprägung der Entfremdung hat Produktionsverhältnisse geschaffen, die die

Verwirklichung des Ziels der Geschichte - die völlig unentfremdete Gesellschaft - zu einer sachlichen Notwendigkeit und zugleich zum Ergebnis bewußter, selbstgewählter Praxis machen.
Sowohl Popitz (ebda., 1967, 21ff.) als auch Nolte (1983, 315ff., 326ff., 451 ff.) haben bedeutsame Vorläufer der geschichtsteleologisch konzipierten Entfremdungstheorie von Marx im deutschen Idealismus aufgedeckt, und auch uns scheint es, daß ohne Thematisierung *dieses* Bezugs wesentliche Merkmale der "humanistischen Eschatologie" des jungen Marx nicht verständlich werden.
Popitz hat ausführlich beschrieben, daß erst im deutschen Idealismus eine zu Marx hinführende Zeitkritik entstand. Hier formte sich ein Problembewußtsein, das die Zukunft "als Aufgabe, als Forderung eines gegenwärtig zu prägenden Morgen empfindet" (ebda. 21), und insbesondere bei Schiller und Fichte wurde eine radikale Zeitkritik mit einer teleologisch konzipierten Geschichtsphilosophie verbunden. "Diese teleologische Konzeption (aber) kann... nur *dialektisch* vollzogen, die Gegenwart nur als *Antithesis* verstanden werden. Die Struktur von Thesis, Antithesis und Synthesis ergibt sich aus den beiden Problemen des Abfalls, der Entfremdung und der Regeneration und Emanzipation" (ebda. 24). Am deutlichsten prägt diese dialektisch-teleologisch konzipierte Dreiteilung der Geschichte Fichtes "Grundzüge des gegenwärtigen Zeitalters": "Aus einem vollkommenen, aber noch unentfalteten Anfangsstadium der Beherrschung der Vernunft durch den Instinkt - dem <Stand der Unschuld des Menschengeschlechts> - geht die Menschheit durch mehrere Phasen der Zerteilung schließlich in die >Epoche der Vernunftkunst> ein - den <Stand der vollendeten Rechtfertigung und Heiligung>" (Nolte 316f.), und diese Wiederaufrichtung der zunächst naturgegebenen Harmonie des Urzustandes auf einem gänzlich neuartigen Wissensniveau erscheint bei

Fichte als eine - erst durch den absoluten Höhepunkt der Entfremdung in der Gegenwart möglich gewordene - freie Tat des Menschen.

Marx' Geschichtsphilosophie beruht in ihrer formalen Struktur unzweifelhaft auf der gerade grob skizzierten dialektisch-teleologischen Geschichtskonzeption des deutschen Idealismus, und wir werden sehen, daß sogar der Gedanke der Restitution eines unentfremdeten geschichtlichen Ausgangszustandes als "radikal-reaktionäres" Element Marx' Vorstellung vom Ziel der Geschichte - dem Kommunismus - mitbestimmt. Bei Marx, schreibt Popitz, hat "die revolutionäre Idee...die Ideale des deutschen Idealismus und Humanismus in sich aufgenommen und wendet sich, <zur Welt erweitert>, mit dem Totalitätsanspruch des Ideals gegen die erscheinende Welt" (ebda., 65).

Wir wollen die *inhaltliche* Umformung und Radikalisierung der Geschichtsphilosophie des deutschen Idealismus durch den jungen Marx an zwei Zentralmotiven kurz illustrieren: An seiner materialistischen Transformation des Entfremdungsbegriffs und an seiner Konkretisierung und Radikalisierung des geschichtsteleologischen Moments durch die Konzeption der "Revolution des Proletariats".

2. Aspekte von Marx' Entfremdungstheorem

Die "Pariser Manuskripte" von 1844 enthalten - Marx hatte gerade mit dem Studium der Begründer der politischen Ökonomie begonnen - die erste ausgearbeitete materialistische Umdeutung des Entfremdungsbegriffs. Die hier ins Zentrum gerückte kapitalistische Lohnarbeit erscheint als Gipfelpunkt entfremdeter Arbeit, und wir finden bei Marx eine - in der Sekundärliteratur oftmals systematisierte (vgl. z.B. Kolakowski 157ff.) - subtile dialektische Konzeption der Einzelmerkmale der "Entfremdung". Aber bereits bei diesem Text fällt auf, daß Marx "Entfremdung" weder anthropologisch noch historisch-soziologisch abzuleiten vermag, daß der Begriff letztlich willkürlich und irrational bleibt. Natürlich ist es unschwer möglich, aus Marx' Entfremdungsbegriff seine Idee des "wahren Wesens" des Menschen zu erschließen, denn die moderne Lohnarbeit wird ja als extremstes Gegenbild desselben begriffen. Aber dieser positive Maßstab, der die Rede von der *Ent*fremdung allererst ermöglicht, wird weder durch anthropologische, noch historisch-soziologische Reflektion gewonnen, sondern durch letztlich irrationale Wertungen (vgl. Popitz ebda. 18) einfach vorausgesetzt, Wertungen, die sich nur ideologiegeschichtlich "verstehen", nicht aber wissenschaftlich überprüfen lassen. Versucht man nun dieses ideologiegeschichtliche "Verstehen", dann sollte man von zwei heterogenen Grundmotiven ausgehen, deren Synthese die Originalität der Marxschen Entfremdungsphilosophie bezeichnet: von einem "romantischen" (vgl. Popitz 142f., Kolakowski 466ff.) oder "radikal-reaktionären" (vgl. Nolte, 1983) und einem fortschritts- und technikoptimistischen Grundmotiv.

2.1 Das "radikal-reaktionäre" Motiv

Marx konstruiert, wie wir schon anmerkten, den Geschichtsprozeß als einen im modernen Lohnarbeitsverhältnis kulminierenden Wachtumsprozeß von Entfremdung, und es klingt bei ihm oftmals an, daß das Ziel der Geschichte, die Aufhebung aller Entfremdung im Kommunismus, auch die *Wieder*herstellung eines geschichtlichen Ausgangszustandes - freilich auf völlig andersartiger Basis - bezeichne. Es gibt viele Bemerkungen und Argumentationsfiguren, die dieses romantische Motiv der Restitution eines von den Übeln der Gegenwart freien Vergangenheitszustandes enthalten. Wir geben einige Hinweise.

Marx' Aussagen über die historischen Bedingungen, die den Menschen von seinem "wahren Wesen" entfremden, sind in den Frühschriften keineswegs eindeutig - Thesen über den Ursprung der Ent-Fremdung bilden allenfalls einen undeutlichen Hintergrund für sein ganz auf die Gegenwart und Zukunft konzentriertes Interesse. Freilich läßt sich - überblickt man die "Pariser Manuskripte" und die "Deutsche Ideologie" - erkennen, daß die Ursprünge der Entfremdung für Marx eng mit der Ausbildung von Arbeitsteilung verbunden sind, und für die Genese ihrer modernen Form wird (in "Zur Judenfrage") der Trennung von Staat und Gesellschaft durch die politische Emanzipation des Bürgertums eine große Bedeutung zugewiesen.
In der "Deutschen Ideologie" begreift Marx eindeutig die Entwicklung und Verfestigung von Arbeitsteilung als Quelle der Entfremdungsphänomene, und das Privateigentum, die Geldwirtschaft und schließlich das Kapital-Lohnarbeitsverhältnis erscheinen als "abgeleitete" Phänomene, in denen sich ein - in der Gegenwart gipfelnder - Wachstumsprozeß menschlicher Entfremdung manifestiert. Innerhalb der Arbeitsteilung wiederum bezeichnet die Teilung der körperlichen und geistigen Arbeit den Schritt zu einer Sonderform entfremdeten Weltbezugs, denn diese Teilung konstituiert das ideologische Bewußtsein.
In derartigen Gedanken wird natürlich ein nicht-entfremdeter gesellschaftlicher Urzustand unterstellt, das Ziel der Geschichte erscheint als Wiederherstellung ihres Ausgangs auf völlig neuartiger Basis. Wie sehr anti-moderne, "reaktionäre" Affekte in Marx' Entfremdungstheorie eingegangen sind, wird übrigens bereits an seiner negativen Bewertung der Arbeitsteilung deutlich. Die kommunistische Gesellschaft als Aufhebung der Arbeitsteilung

wird in Bildern ausgemalt[4], die einer "romantischen Verherrlichung feudalistisch-aristokratischer Möglichkeiten gleichen... Jäger, Fischer, Hirt, Kritiker - individualistischer und antitechnischer läßt sich die Reaktion gegen das Zeitalter der <Maschinerie und großen Industrie> kaum denken" (Popitz 143).

Natürlich sind romantische, anti-moderne Affekte nur eine der emotionalen Quellen, aus denen sich die Geschichtsteleologie und Entfremdungstheorie von Marx speist. Wir finden bei ihm zugleich scheinbar gänzlich entgegengesetzte Motive - Fortschrittsoptimismus und Technikbejahung -, und nur mittels *dieser* Motive gelingt es ihm, das dialektische Schema des deutschen Idealismus - von der Einheit durch die Trennung zur höheren Einheit - "materialistisch" zu konkretisieren. Zwar begreift Marx die kapitalistische Gegenwart als Gipfelstadium menschlicher Entfremdung, aber der geschichtliche Entfaltungsprozeß von Entfremdung wird als ein determinierter und "notwendiger" Vorgang konstruiert. Er sei determiniert durch den technologischen Fortschritt, der in seinen verschiedenen Stufen aufeinander aufbauende Gesellschaftssysteme konstituiere, deren letztes - das Endstadium der "Vorgeschichte" der Menschheit - durch die vom System erzwungene permanente Revolutionierung der Produktivkräfte erst die materiell-technische Voraussetzung für den Kommunismus schaffe. Deshalb erscheint bei Marx das System der modernen Lohnarbeit, das Konzentrat aller

---

[4] "... während in der kommunistischen Gesellschaft, wo... jeder sich in jedem beliebigen Zweige ausbilden kann, die Gesellschaft die allgemeine Produktion regelt und mir eben dadurch möglich macht, heute dies, morgen jenes zu tun, morgens zu jagen, nachmittags zu fischen, abends Viehzucht zu treiben, nach dem Essen zu kritisieren, wie ich gerade Lust habe, ohne je Jäger, Fischer, Hirt oder Kritiker zu werden." (MEW, Bd.5, 22)

menschlichen Entfremdung, auch als "notwendig", seine Geschichtsteleologie ermöglicht eine Radikalkritik und zugleich eine manchmal erstaunlich positive Bewertung des Industriekapitalismus. Treffend schreibt Popitz: "(Marx') Welt des sich entfremdeten Menschen erscheint wie ein System von Arbeitssklaven, die die Steine zur eigenen Zwingburg zusammentragen - einer Zwingburg allerdings, die sich durch die universale menschliche Revolution in einen Tempel verwandelt" (ebda. 145).

2.3 Das Proletariat als Konzentrat aller Entfremdung und Subjekt ihrer vollständigen Überwindung

Marx' früheste Konzeptionen der "revolutionären Mission des Proletariats" sind deswegen interessant, weil in ihnen die irrationalen, "metaphysischen" Elemente, die seiner Revolutionstheorie auch in den Spätschriften noch anhaften, dominieren. Die erste Begründung der historischen Sonderstellung des "Proletariats" findet sich in der "Kritik der Hegelschen Rechtsphilosophie", einem Text von 1843, als Marx sich theoretisch und empirisch noch kaum mit der Industrialisierung und der realen Arbeiterbewegung befaßt hatte. In diesem Text wird ganz deutlich, wie sehr das Zentralprinzip der ganzen Marxschen und "marxistischen" Gesellschaftstheorie ursprünglich Ergebnis einer - durch "dialektische" Denkmuster bestimmten - "philosophischen Konstruktion" (vgl. Nolte 1983, 329; Kolakowski 149) war, welche ihrerseits eine rein emotional gespeiste Revolutions- und Heilsgewißheit (vgl. Popitz 89ff.) "auf den Begriff brachte". Ich zitiere den berühmten Passus:

"Wo also die *positive* Möglichkeit der deutschen Emanzipation? *Antwort*: in der Bildung einer Klasse mit radikalen Ketten, einer Klasse der bürgerlichen Gesellschaft, welche keine Klasse der bürgerlichen Gesellschaft ist, eines Standes, welcher die Auflösung aller Stände ist, einer Sphäre, welche einen universellen Charakter durch ihre universellen Leiden besitzt... welche mit einem Wort der völlige Verlust des Menschen ist, also nur durch die völlige Wiedergewinnung des Menschen sich selbst gewinnen kann. Diese Auflösung der Gesellschaft als ein besonderer Stand ist das Proletariat... Das gründliche Deutschland kann nicht revolutionieren, ohne von Grund aus zu revolutionieren. Die Emanzipation des Deutschen ist die Emanzipation des Menschen. Der Kopf dieser Emanzipation ist die Philosophie, ihr Herz das Proletariat. Die Philosophie kann sich nicht verwirklichen ohne die Aufhebung des Proletariats, das Proletariat kann sich nicht aufheben ohne die Verwirklichung der Philosophie" (MEW, Bd. 1, 390f.).

In diesem Zitat stecken - abstrahiert man von Marx' Ansicht über die herausgehobene Bedeutung des zurückgebliebenen Deutschland für die universale Emanzipation - in noch tastenden Formulierungen die Umrisse der gesamten Marxschen Revolutions- und Emanzipationstheorie[5], aber hier wird auch ihre Irrationalität besonders deutlich. Marx faßt hier das Proletariat als Produkt der bürgerlichen Gesellschaft, aber zugleich als Negation aller ihrer Prinzipien und Konzentrat aller gegenwärtigen (und vergangenen) Entfremdung auf, und wenn man die - von Marx freilich garnicht hinterfragte - Ansicht teilt, daß diese Klasse auch in der bürgerlichen Gesellschaft der Zukunft nichts weiter als "ihre Ketten" zu verlieren habe, dann kann man mit einer gewissen Evidenz prophezeien, daß das Proletariat sich zum Hebel der "Selbstüberwindung" der bürgerlichen Gesellschaft entwickeln werde, zum sich seiner selbst zunehmend bewußter werdenden Agenten ihrer radikalen Transformation. Freilich begreift Marx die

[5] Man könnte in diesen Sätzen *erstens* eine Vorformulierung der Verelendungstheorie lesen; sie versuchen *zweitens* zu begründen, daß der Kommunismus keine abstrakt der Wirklichkeit entgegengesetzte Utopie sei, sondern seine Voraussetzungen im kapitalistischen Gegenwartssystem reifen; und sie heben *drittens* die Bedeutung der Theorie für die Revolution hervor: die Theorie bringt die revolutionäre Aktion des Proletariats "auf den Begriff" und weist ihr das Ziel.

"proletarische Revolution" nicht als irgendeine Revolution, sondern als "letzte" Revolution in der "Vorgeschichte" der Menschheit, als Durchgangsstadium zur universalen menschlichen Revolution, und es ist *diese* Zuspitzung der Marxschen Revolutionsgewißheit, die seine Gedankenfiguren so irrational erscheinen läßt. Daß diejenige Klasse, in der sich alle bisherige Entfremdung sozusagen bündelt ("völliger Verlust des Menschen"), durch ihre partikulare Revolution sich selbst und zugleich alle anderen Gesellschaftsmitglieder zur "wahren Menschlichkeit" emanzipiert, ist bei Marx nichts weiter als das Ergebnis einer dialektischen Argumentationsfigur ("völliger Verlust" und "völlige Wiedergewinnung des Menschen"), aber einem realitätszugewandten Denken nicht nachvollziehbar. Wieso soll der Status tiefster Erniedrigung zugleich eine gleichsam verschlossene Potenz zur "wahren Menschlichkeit" in sich bergen? Ist nicht eher vorstellbar, daß das Proletariat in *seiner* Revolution alle anderen auf die Stufe der von ihm bisher erlittenen Erniedrigung herabdrückt? Es ist die Schwerkraft des bei Marx von vornherein feststehenden, die Deutung der Phänomene strukturierenden dialektisch-teleologischen Geschichtsschemas, das die Ausblendung derartiger "naiver" Fragen nach sich zieht.

II. Die erste soziologische Konkretisierung des geschichtsphilosophischen Schemas: Das Kommunistische Manifest

Die bisher skizzierten geschichtsphilosophischen Grundmotive und Gedankenfiguren des Frühwerks (das dialektisch-teleologische Geschichtsschema und die in ihm dem Proletariat zugeschriebene messianische Rolle) bilden den Grundbestand aller gesellschaftstheoretischen Schriften von Marx. Sie sind zum erstenmal im "Kommunistischen

Manifest" von 1848 soziologisch konkretisiert und in einer weitgehend "philosophiefreien" Sprache formuliert worden. Diese Schrift - ein analytisches und propagandistisches Meisterwerk - enthält die "Marxsche Theorie der Gesellschaftsphänomene mitsamt den Grundsätzen des praktischen Kampfes in der Form eines gut ausgebildeten Skeletts" (Kolakowski 1988 I, 265), und es ist deshalb lohnend, einige ihrer zentralen Thesen genauer zu betrachten.

1. Die geschichtsteleologische Funktion von "Bourgeoisie", "Produktivkräften" und "Proletariat"

Interesse verdient zunächst Marx' Stilisierung der "Bourgeoisie". Im Text erscheint sie kaum als Produkt der industriellen Revolution, sondern eher als ihr Urheber, sie fungiert als gerühmtes Subjekt geschichtlich beispielloser gesellschaftlicher Wandlungsprozesse: "Sie hat ganz andere Wunderwerke vollbracht als ägyptische Pyramiden, römische Wasserleitungen und gotische Kathedralen, sie hat ganz andere Züge ausgeführt als Völkerwanderungen und Kreuzzüge" (KM, 528). Freilich ist das Lob, das Marx der "Bourgeoisie" spendet, an manchen Stellen auch mit sehr negativen Charakterisierungen durchmischt, in denen romantische Anklänge unüberhörbar sind[6], aber daraus werden nirgends Aussagen abgeleitet, die die Rühmung der ungeheuren "Fortschrittlichkeit" dieser Gesellschaftsklasse relativieren könnten. Fragt man nun nach den Gründen für Marx' positive Bewertung der "Bourgeoisie" - der "herrschenden Klasse" im verabscheuten Kapitalismus -, dann stößt man auch in diesem Text wieder auf das ge-

---

[6] "Die Bourgeoisie" hat alte "ehrwürdige" Berufe in gewöhnliche Lohnarbeiten verwandelt und kein Band zwischen Mensch und Mensch übriggelassen als das "nackte Interesse", die gefühllose "bare Zahlung"...(vgl. KM, 528 ff.).

schichtsteleologische Schema, das eine Deutung des Sinns gegenwärtiger Prozesse aus dem vorausgesetzten "Ziel der Geschichte" zu gestatten scheint: "Progressiv" ist die Bourgeoisie, weil sie - in völliger Bewußtlosigkeit des ihr vom "System" abgenötigten Tuns - die unerläßlichen Voraussetzungen für das Endstadium der Gesellschaftsentwicklung, den Kommunismus, schafft. Zwei dieser Voraussetzungen stehen im "Kommunistischen Manifest" im Zentrum:

Erstens die permanente Revolutionierung der Produktivkräfte, die diese schließlich zu einem Niveau hochtreibt, das die kapitalistischen Produktionsverhältnisse sprengt und die Etablierung des Sozialismus erzwingt. "Die Produktivkräfte, die ihr zur Verfügung stehen, dienen nicht mehr zur Beförderung der bürgerlichen Eigentumsverhältnisse; im Gegenteil, sie sind zu gewaltig für diese Verhältnisse geworden, sie werden von ihnen gehemmt; und sobald sie dies Hemmnis überwinden, bringen sie die ganze bürgerliche Gesellschaft in Unordnung, gefährden sie die Existenz des bürgerlichen Eigentums. Die bürgerlichen Verhältnisse sind zu eng geworden, um den von ihnen erzeugten Reichtum zu fassen". (KM, 532). Diese "Dialektik von Produktivkräften und Produktionsverhältnissen" ist einer der Hauptfaktoren im Geschichtsbild von Marx, den er bereits in der "Deutschen Ideologie" in den Rang eines Naturgesetzes aller Gesellschaftstransformationen der Geschichte erhoben hatte. Freilich wird auch gerade im "Kommunistischen Manifest" deutlich, wie sehr dieses "Geschichtsgesetz" bei Marx Produkt der Verallgemeinerung historisch singulärer Prozesse ist. "Abgeleitet" ist das "Gesetz" nur aus der Bedeutung technischer Innovationen für die Ersetzung feudalistischer durch kapitalistische Eigentumsverhältnisse; und "bewiesen" wird seine Gültigkeit auch für die Zukunft nur durch eine einfache Analogie: Wie der Sieg "der Bourgeoisie" Resultat der Diskrepanz zwischen feudalen Eigentumsverhältnissen und den hier entwickelten Produktivkräften gewesen sei, so "erzwinge" die systembedingte Technikentwicklung im Kapitalismus schließlich auch den Sozialismus[7].

Kern des "Kommunistischen Manifests" ist die Rolle "des Proletariats" in diesem Prozeß. Das Ziel der Geschichte ist für Marx das Produkt einer Dialektik, in der objektive Faktoren - die Produktivkräfte - und die selbstbewußte revolutionäre Aktion einer Klasse in einem unauflöslichen Zusammenhang stehen. Marx hat diesen Zusammenhang in einemm einzigen Satz, der seine ganze Revolutionstheorie auf den Punkt bringt und sich einer höchst zweideutigen martialischen Ausdrucksweise bedient, zusammengefaßt: "Aber die Bourgeoisie hat nicht nur die Waffen (die Produktivkräfte) geschmiedet, die ihr den Tod bringen, sie hat auch die Männer gezeugt, die diese Waffen führen werden - die modernen Arbeiter, die Proletarier" (KM, 532).

Welche Thesen und Prognosen sind die Voraussetzungen für diesen Satz? Zuvörderst die Verelendungsprognose und die damit verknüpfte Prognose der unabänderlichen Entwicklung der kapitalistischen Gesellschaft in ein antagonistisches Zwei-Klassen-System, zwei Prognosen, ohne welche die Marxsche Revolutionstheorie und Geschichtsteleologie undenkbar sind. Die Verelendungsprognose findet sich in zugespitzter Form in folgendem Satz: "Der moderne Arbeiter..., statt sich mit dem Fortschritt der Industrie zu heben, sinkt immer tiefer unter die Bedingungen seiner

---

[7] "Auf einer gewissen Stufe der Entwicklung...entsprachen...die feudalen Eigentumsverhältnisse den schon entwickelten Produktivkräften nicht mehr... Sie mußten gesprengt werden, sie wurden gesprengt. An ihre Stelle trat die freie Konkurrenz mit der ihr angemessenen gesellschaftlichen und politischen Konstitution, mit der ökonomischen und politischen Herrschaft der Bourgoieklasse. Unter unseren Augen geht eine ähnliche Bewegung vor" (KM, 531).

Klasse herab. Der Arbeiter wird zum Pauper, und der Pauperismus entwickelt sich noch schneller als Bevölkerung und Reichtum...(Die Bourgeoisie) ist unfähig, zu herrschen, weil sie unfähig ist, ihren Sklaven die Existenz selbst innerhalb seiner Sklaverei zu sichern, weil sie gezwungen ist, ihn in eine Lage herabsinken zu lassen, wo sie ihn ernähren muß, statt von ihm ernährt zuwerden" (KM, 538). Angesichts der sozialen Verhältnisse, die die englische Industrialisierung erzeugte, kann man der Verelendungsprognose des im Jahre 1848 verfaßten Kommunistischen Manifests eine gewisse Evidenz nicht absprechen, obwohl bereits zu dieser Zeit einige - sich später verstärkende, von Marx aber immer ignorierte - Indizien für eine langfristige Besserung der sozialen Lage der Arbeiter vorlagen. Erstaunen freilich erregt die Sicherheit, mit der Marx die Entwicklung einer Zwei-Klassen-Dichotomie prognostiziert, eines feindlichen Gegenüber zwischen einer winzigen Gruppe von Kapital-Magnaten und allen - im Elend vergleichheitlichten - "anderen", denn zu dieser Zeit war in den kontinentaleuropäischen Ländern der Anteil der Industriearbeiter an der Gesamtbevölkerung noch außerordentlich gering, und selbst die englische Entwicklung bot für eine derart radikale Prognose nur wenig Anhaltspunkte. Es scheint, daß das ursprünglich philosophisch gewonnene messianische Geschichtsschema eine derartige Prognose "erzwang", und zu dieser Auffassung paßt auch die - angesichts der Komplexität der Industriegesellschaft - so erstaunliche These von Marx, die "Epoche der Bourgeoisie" zeichne sich, verglichen mit früheren Geschichtsepochen, durch eine radikale *Vereinfachung* der Klassengegensätze aus. Die ganze Gesellschaft werde sich immer mehr in ein einfaches Gegeneinander zweier "Lager" spalten, die sich immer feindlicher gegenübertreten, bis es zum "Endkampf" zwischen ihnen kommt. Dessen von vorn-

herein feststehender Ausgang begründet dann den Anfang der klassenlosen "wahren" Geschichte der Menschheit.
Wir haben gerade das messianische Grundelement des Marxschen Denkens noch einmal herausgehoben, das wir als das irrationale Zentrum seiner Revolutionstheorie begreifen. Nun finden sich in dieser Theorie natürlich auch sehr viele "rationale" Thesen und Prognosen, aber es ist doch charakteristisch, daß fast jede auch mit reinen Glaubensgewißheiten durchmischt ist. Diese Mischung von Rationalität und Irrationalität zeigt sich auch in dem für sein Revolutionskonzept konstitutiven "Internationalismus", den wir im folgenden kurz skizzieren wollen.
Marx entwickelt im "Kommunistischen Manifest" einen dialektischen Zusammenhang zwischen dem Internationalismus der "Bourgeoisie" und demjenigen des "Proletariats". Der proletarische Internationalismus wird als Folge und Negation des bourgeoisen Internationalismus begriffen, welcher bei Marx auch als ein wichtiges Element zur Veranschaulichung der "revolutionären" und weltgeschichtlich progressiven Rolle der "Bourgeoisie" fungiert: Erst das von "der Bougeoisie" getragene kapitalistische Wirtschaftssystem habe die Welt tendenziell zu *einer* Welt gemacht, habe durch die übernationalen Marktverflechtungen und die vergleichheitlichenden Wirkungen der modernen Industrie bornierte nationale Schranken überwunden und der menschlichen Kultur kosmopolitische Züge verliehen. "Sie zwingt alle Nationen, die Produktionsweise der Bourgeoisie sich anzueignen, wenn sie nicht zugrundegehen wollen. Sie zwingt sie, diese sogenannte Zivilisation bei sich selbst einzuführen... Mit einem Wort, sie schafft sich eine Welt nach ihrem eigenen Bilde" (KM, 530). Marx begreift den kapitalistischen Internationalismus als schlechte Vorform einer wahrhaft humanen Welteinheit, die im Kampf des internationalen Proletariats heranwächst. Dieser Kampf entfalte sich in allen entwickelten Natio-

nalstaaten in ähnlichen Mustern, weil die Gesetze kapitalistischer Akkumulation sich allerorten ähnlich auswirken; und er kristallisiere sich schließlich in politischen Organisationen, in denen die wachsende internationale Solidarisierung des Proletariats im Willen zum internationalen revolutionären Kampf gegen das kapitalistische System einen bewußten Ausdruck gefunden habe. Bekanntlich resümiert Marx seine Thesen zum proletarischen Internationalismus in dem Satz "Die Arbeiter haben kein Vaterland" (KM, 545), und abgemilderte Versionen dieses Satzes wurden zu einem Grundelement der Programmatik der sozialistischen Parteien im 19. Jahrhundert. Aber dieses Grundelement war tatsächlich eine der größten Illusionen des Sozialismus, und spätestens im Jahre 1914 zeigte sich in aller Krassheit, wie sehr Marx' Ansicht, "das Proletariat" werde alle nationalen Bindungen von sich abstreifen, rationalistischen Vorurteilen entsprang.

3. *Das "Ziel der Geschichte" und die Rolle der Kommunisten*

Kern des "Kommunistischen Manifests" ist die Bestimmung der Aufgaben und Ziele der Kommunisten im Kampf des Proletariats. Dabei stößt man von Anfang an auf eine merkwürdige Ambivalenz, in der im Keim bereits die spätere Herausbildung unterschiedlicher Richtungen im Marxismus angelegt ist. *Einerseits* hebt Marx - gegen alle Spielarten des utopischen Kommunismus - hervor, daß die Kommunisten "keine besonderen Prinzipien (aufstellen), wonach sie die proletarische Bewegung modeln wollen", sondern daß ihre "theoretischen Sätze" nur "allgemeine Ausdrücke eines existierenden Klassenkampfes, einer unter unseren Augen vor sich gehenden geschichtlichen Bewegung (seien)" (KM 539). *Andererseits* aber wird auch sehr deut-

lich gemacht, daß die Kommunisten keineswegs nur Sprachrohr der Arbeiterbewegung, sondern zugleich Führer derselben sind und daß sie diese Führerstellung ihrem privilegierten Wissen verdanken: "Sie haben theoretisch vor der übrigen Masse des Proletariats die Einsicht in die Bedingungen, den Gang und die allgemeinen Resultate der proletarischen Bewegung voraus" (KM, 539), und es ist dieses - die Zukunft umgreifende - Wissen, das sie befähigt, in jeder Situation das "wahre" Interesse der gesamten Arbeiterklasse herauszuheben und das Proletariat zur Erkenntnis seiner selbst - seiner Klassenlage und historischen Mission - anzuleiten. Die Kommunisten sind also auch die "Avantgarde" des Proletariats, *sie* sind es, die qua Wissen und organisatorischer Kompetenz allererst Grundbedingungen für die "proletarische" Revolution schaffen und diese selbst "vollstrecken". Marx' Ausführungen im zweiten Teil des Kommunistischen Manifests erheben an einigen Stellen die kommunistische Partei - und nicht "das Proletariat" - zum "eigentlich" revolutionären Subjekt (vgl. KM, 539, 546 ff.), und es wird nirgends deutlich, wie ohne diese Partei die "gesetzmäßige" Überwindung des Kapitalismus durch den Sozialismus möglich sein soll.
Nicht nur über die Rolle der kommunistischen Partei für die "proletarische Revolution" finden sich im Kommunistischen Manifest zweideutige Aussagen, sondern auch über das "Ziel der Geschichte", den Kommunismus. Der Kommunismus, der sich gewissermaßen naturwüchsig aus dem postrevolutionären, gewaltbestimmten System proletarischer Herrschaftsausübung (vgl. KM 547 f.) herausentwickeln soll, wird zwar als herrschafts- und klassenloser Zustand ausgemalt, als Gesellschaft, worin "die freie Entwicklung eines jeden die Bedingung für die freie Entwicklung aller ist" (KM 548). Er erscheint aber auch als eine durch zentralisierte Kontrolle der Produktionsmittel bestimmte

Assoziation, und zwar als *eine* Assoziation. "Die gesamte Gesellschaft und wohl gar die Weltgesellschaft als *eine* Assoziation bedeutet aber die Aufhebung aller Assoziationen und die Konstituierung einer <Führung>, die unvergleichlich stärker und dauerhafter sein muß als die schwächliche und widerspruchsvolle Führung durch die Bourgeoisie. Das Kommunistische Manifest ist das packendste und emotionalste aller Parteiprogramme durch dasjenige, was es sagt, aber es mußte als das herausfordernste aller Programme vor allem durch dasjenige wirken, was es *nicht* sagt "(Nolte 1983, 355).

III. Aspekte der sozio-ökonomischen Konkretisierung der Geschichtsphilosophie im "Kapital"[8]

Marx späte Schriften - mit dem "Kapital" als ihrem Zentrum - entfalten und präzisieren die ursprünglich philosophisch gewonnenen Gedankenfiguren des Frühwerks, sie geben diesen - das ist ihr Hauptcharakteristikum - ein "wissenschaftliches" Fundament. Dieses Fundament bildet die Wert- und Mehrwerttheorie, die Marx in vielfältigen Neuansätzen ausgearbeitet hat. Sie ermöglicht eine ökonomietheoretische Explikation früherer anthropologischer und geschichtsphilosophischer Theoreme, verschafft irrationalen Revolutions- und Heilserwartungen den Status "wissenschaftlich deduzierter" Gewißheiten.

Wir wollen im folgenden diese Transposition an einigen Beispielen, die zentrale Themen des Spätwerks aufgreifen, verdeutlichen.

---

[8] Eine genaue Analyse von Methode und Inhalt des Marxschen Spätwerks findet sich in Pohlmann 1987. Hier geht es mir nur um die ideologischen Implikationen einiger Grundmotive.

1. Das radikal-reaktionäre Denkmotiv in der Warenanalyse

Die Warenanalyse, aus der die Grundkategorien des "Kapital" gewonnen werden, stellt eine ökonomietheoretisch präzisierte Ausformulierung des Entfremdungstheorems der Frühschriften dar, eine Ausformulierung, in welcher unschwer das weiterwirkende Gewicht romantischer und radikal-reaktionärer Motive in Marx' Gesellschaftskritik erkennbar ist. Ich skizziere zunächst kurz Marx' Grundgedanken.

Als Ware (die "Universalform" gesellschaftlichen Reichtums im Kapitalismus) hat jedes Ding zwei Seiten - einen Gebrauchs- und einen Tauschwert, die auf einen zweiseitigen Charakter warenproduzierender Arbeit, "konkrete" und "abstrakte" Arbeit, zurückverweisen. "Abstrakte Arbeit" [9] - d.h. das durch den Standard der Produktivkräfte vorgegebene "gesellschaftlich notwendige" Quantum purer Arbeitsverausgabung - sei die "Substanz" der Tauschwertrelationen der Waren, ihres von ihren qualitativen Beschaffenheiten abstrahierenden und sich in ihrem Geldausdruck kristallisierenden Verhältnisses. Die unsinnliche Tauschwerteigenschaft der Dinge aber sei die notwendige Ausdrucksform der "Gesellschaftlichkeit" von Arbeit unter den Bedingungen des Privateigentums. Daß und in welchem Maße die Produzenten notwendige Teile eines produktiven Ganzen sind, spiegelt sich im Tauschwert der Dinge[10],

---

[9] Der Begriff ist bei Marx keineswegs geklärt (vgl. Pohlmann 1987, 115 f.)

[10] "Das Geheimnisvolle der Warenform besteht also einfach darin, daß sie den Menschen die gesellschaftlichen Charaktere ihrer eigenen Arbeit als gegenständliche Charaktere der Arbeitsprodukte selbst, als gesellschaftliche Natureigenschaften dieser Dinge zurückspiegelt, daher auch das gesellschaftliche Verhältnis der Produzenten zur Gesamtarbeit als ein außer ihnen existierendes gesellschaftliches Verhältnis von Gegenstän-

dessen eigengesetzliche Bewegungsmechanismen - in der Geld- und Kapitalzirkulation - menschliches Handeln quasi naturgesetzlich determinieren: "Ihre eigene gesellschaftliche Bewegung besitzt für sie die Form einer Bewegung von Sachen, unter deren Kontrolle sie stehen, statt sie zu kontrollieren" (Kap. I, 89).

Jede auf Privateigentum gerichtete Gesellschaft "entfremdet" also den Menschen von sich als Gesellschaftswesen und treibt ihn unter das Joch seiner eigenen, von ihm mystifizierten, Produkte; begründet "Verkehrungen" des "wahren Verhältnisses" des Menschen zu sich und den Dingen, die im Kapitalismus ihre nicht mehr steigerbare Ausformung erfahren haben.

In Marx' Waren- und Geldkapitel am Anfang des "Kapital" ist die romantische Kritik an einem System, in dem alles "käuflich", "undurchsichtig", "abstrakt" sei, das "wahre menschliche Bindungen" zerstöre, unüberhörbar, aber der "radikal-reaktionäre" Charakter des Textes wird erst dann ganz erkenntlich, wenn man sich Marx' Hinweise zu einem "unentfremdeten" menschlichen Sein vor Augen hält. Denn es sind bezeichnenderweise immer verschiedene Varianten "primitiver" Zustände, aus denen positive Gegenbilder gewonnen werden. So greift Marx zu den Beispielen der Robinsonade oder "naturwüchsiger" autarker Produktionseinheiten (vgl. Kap. I, 91 ff. und 102) ohne internen Warenaustausch, deren "Primitivismus" er zwar unzweideutig unterstreicht (sie "beruhen auf der Unreife des individuellen Menschen, der sich von der Nabelschnur des natürlichen Gattungszusammenhangs mit anderen noch nicht losgerissen hat" (Kap. I, 93)), aber er malt zugleich die Zukunft - den Sozialismus - als eine nur wenig modifizierte Kopie eben dieses "Primitivismus" aus. Marx' Skizze der sozialistischen Weltgesellschaft im Warenkapitel

---

den" (Kap. I, 86).

des "Kapital" erscheint wie eine am Modell eines autarken Bauernhofs orientierte Konstruktion:

"Stellen wir uns endlich zur Abwechslung einen Verein freier Menschen vor, die mit gemeinschaftlichen Produktionsmitteln arbeiten und ihre vielen individuellen Arbeitskräfte selbstbewußt als eine gesellschaftliche Arbeitskraft verausgaben. Alle Bestimmungen von Robinsons Arbeit wiederholen sich hier, nur gesellschaftlich statt individuell. Alle Produkte Robinsons waren sein ausschließlich persönliches Produkt und daher unmittelbar Gebrauchsgegenstände für ihn. Das Gesamtprodukt des Vereins ist ein gesellschaftliches Produkt. Ein Teil dieses Produkts dient wieder als Produktionsmittel. Er bleibt gesellschaftlich. Aber ein anderer Teil wird als Lebensmittel von den Vereinsgliedern verzehrt. Er muß daher unter sie verteilt werden... Die Arbeitszeit würde...eine doppelte Rolle spielen. Ihre gesellschaftlich planmäßige Verteilung regelt die richtige Proportion der verschiedenen Arbeitsfunktionen zu den verschiedenen Bedürfnissen. Andererseits dient die Arbeitszeit zugleich als Maß des individuellen Anteils des Produzenten an der Gemeinarbeit und daher auch an dem individuell verzehrbaren Teil des Gemeinprodukts. Die gesellschaftlichen Beziehungen der Menschen zu ihren Arbeiten und ihren Arbeitsprodukten bleibt hier durchsichtig einfach in der Produktion sowie auch in der Distribution." (Kap. I, 92 f.).

Wir haben früher dargelegt, daß das "radikal-reaktionäre" Element der Marxschen Utopie kein Zufall ist, sondern auch die Konsequenz einer - vom deutschen Idealismus inspirierten - dialektischen Geschichtsphilosophie, die das Endziel der Geschichte als eine selbstbewußte, auf modernstem technischem Niveau erfolgende Restituierung ihres Ausgangsstadiums zu denken zwingt. Das folgende Zitat aus den "Theorien über den Mehrwert" demonstriert, wie sehr dieses geschichtsphilosophische Schema noch das Denken des späten Marx bestimmt und welch eigenartige Synthese fortschrittsoptimistischer und reaktionärer Denkmuster es ermöglicht: "Die ursprüngliche Einheit zwischen Arbeiter und Arbeitsbedingungen...hat zwei Hauptformen: das asiatische Gemeinwesen (naturwüchsigen Kommunismus) und die kleine Familienagrikultur (womit Hausindustrie verbunden)... Beide Formen sind Kinderformen und gleich wenig geeignet die Arbeit als *gesellschaftliche* Arbeit und die Produktivkraft der gesellschaftlichen Arbeit zu entwickeln. Daher die Notwendigkeit der Trennung, der Zerreißung, des Gegensatzes zwischen Arbeit und Eigentum (womit zu verstehn Eigentum an den Produktionsbedingungen). Die äußerste Form dieser Zerreißung, worin zugleich die productive forces of social labour are most powerfully developed, ist die des Kapitals. Auf der materiellen Basis, die es schafft, und vermittelst der Revolutionen, die im Prozeß dieser Schöpfung die Arbeiterklasse und the whole society undergoes, kann erst wieder die ursprüngliche Einheit hergestellt werden. "(MEW, Bd. 26.3, 414).

2. Der ungenügende Ausbeutungsbegriff

Auf den in der Warenanalyse des "Kapital" entwickelten Grundkategorien baut Marx' Mehrwerttheorie auf, mit deren Hilfe der Mechanismus der "Ausbeutung des Proletariats" wissenschaftlich transparent gemacht werden soll. Eine genauere Betrachtung dieser Theorie enthüllt freilich, daß der aus ihr resultierende Ausbeutungsbegriff eine höchst paradoxe Konsequenz nahelegt: daß ein sozialistisches System, errichtet mit der Intention, die "Ausbeutung der Arbeiterklasse zu beenden, Tendenzen zur Steigerung von "Ausbeutung" über ihr kapitalistisches Niveau begünstigt.

Ich skizziere zunächst ganz grob die Grundprinzipien von Marx' Mehrwerttheorie.

Die utopischen Sozialisten hatten angenommen, daß der "Mehrwert" aus dem Kauf der Arbeit unter ihrem Wert entspringe - eine für Marx völlig verfehlte Argumentation. Man müsse die Produktion von Mehrwert gerade auf der Basis der Gültigkeit des Äquivalenzprinzips erklären, aber dafür müsse man davon ausgehen, daß die Lohnarbeit nicht auf dem Verkauf der Arbeit, sondern der *Arbeitskraft* beruhe. Die Arbeitskraft besitze, wie jede andere Ware auch, zwei Seiten, einen Gebrauchs- und einen Tauschwert, aber ihr Gebrauchswert - die Nutzung des Arbeitsvermögens im Produktionsprozeß - habe die "eigentümliche Beschaffenheit", selber Tauschwert zu erzeugen, und nach einer gewissen Zeitgrenze überschreitet das Quantum *dieses* Tauschwerts die Höhe ihres eigenen. Die Mehrwertproduktion könne also auf der Basis des Äquivalenzprinzips erklärt werden, und im Rahmen der Gesetze des Warenaustauschs sei es völlig korrekt, daß dem Käufer der Ware Arbeitskraft der von ihr prodzierte Mehrwert zustehe.

Was in dieser Theorie "Ausbeutung" bedeutet, scheint zunächst völlig klar zu sein: "Ausgebeutet" wird der Arbeiter im Kapitalismus, weil er nicht das volle Äquivalent der von ihm erzeugten Produkte erhält. Marx selbst freilich hat an vielen Stellen eine derartige Auffassung verspottet, und es liegt ja auch auf der Hand, daß bei einem derartigen Verständnis "Ausbeutung" auch in den Sozialismus hinein verlängert würde: Auch die "neue Gesellschaft" bedarf eines Fonds für infra-strukturelle Investitionen, Renten etc., auch sie kann also den Arbeitenden nicht das volle Äquivalent ihrer Produkte zukommen lassen. Wenn aber Mehrarbeit nicht Kern von "Ausbeutung" sein kann, dann scheint nur noch eine Möglichkeit zu bleiben, dem Begriff einen Sinn zu geben: "Ausbeutung" meint den Ausschluß der Produzenten von den Entscheidungen über die Verwendung und Verteilung des Mehrprodukts (hierzu Kolakowski: 1988, Bd. I, 377f.). So gefaßt, ist der Begriff aber graduierbar, und eine Reduktion von Ausbeutung läge nicht nur bei Arbeitslohnerhöhungen vor, sondern auch bei einer Zunahme gesellschaftlicher Kontrollen über die Investitionen und die Verteilung des Nationaleinkommens. Wenn nun aber der Ausbeutungsgrad mit dem Grad gesellschaftlicher Kontrollmöglichkeiten über die Verteilung des Mehrprodukts korrelliert, dann ist "Ausbeutung" nur in Beziehung zu den Strukturen des politischen Systems einer Gesellschaft konkretisierbar, und jede Theorie mit emanzipatorischem Anspruch muß die Partizipationspotentiale, die divergenten politischen Systemen inhärent sind, ins Zentrum ihrer Reflexion stellen. Marx aber hat dies nicht getan, und vielleicht hat ihn sein geschichtsphilosophisch gespeister Zukunftsoptimismus hinsichtlich diese Punktes gedankenlos werden lassen. Dabei liegt doch auf der Hand, was Bakunin seinerzeit Marx bereits entgegengehalten hat: Daß die von Marx geforderte "Verstaatlichung" der Produktionsmittel und das "Übergangsstadium" der "Diktatur des Proletariats" auf die Monopolisierung aller wirtschaftlichen und politischen Macht in den Händen einer Partei hinauslaufen muß, auf eine Machtmonopolisierung, die sich als Verringerung des gesellschaftlichen Kontrollpotentials unter die Möglichkeiten der repräsentativen Demokratie, also als eine Erhöhung der Ausbeutung, auswirken muß.

3. *Die "historische Notwendigkeit" des Kapitalismus und die Faktoren seiner "Selbstüberwindung"*

Wir waren bereits im "Kommunistischen Manifest" auf eine oftmals überraschende "zweiseitige" Bewertung des Kapitalismus bei Marx gestoßen, auf eine Radikalkritik und zugleich eine positive Bewertung dieses Systems, und wir hatten dort diese Zweiseitigkeit als notwendige Folge des dialektisch-teleologischen Geschichtsschemas gedeutet, dessen Ausbildung Marx' Frühschriften bestimmt. Auf der Folie dieses Geschichtsschemas erscheint der Kapitalismus einerseits als *die* Negativepoche der Menschheitsgeschichte, aber zugleich auch als ein notwendiges und "progressives" Stadium, weil allein hier die notwendigen Voraussetzungen für die Erreichung des "Ziels der Geschichte" reifen. Auch die logische Beschaffenheit der ökonomischen Kategorien des "Kapital" ist durch dieses Geschichtsschema geformt, und es ist die Schwerkraft dieses Schemas, die eine Deutung der Kapitalismusentwicklung bei Marx erzwingt, die in teilweise eklatantem Widerspruch zur Evidenz empirischer Fakten und Trends steht.[11] Wir wollen im folgenden Marx' Gedankenfiguren im "Kapital" über die "Selbstüberwindung" des Kapitalismus an drei zentralen Themen illustrieren: An der Gedankenfigur vom sich entwickelnden "Widerspruch zwischen Produktivkräften und Produktionsverhältnissen", an der These von der Entfaltung eines Zwei-Klassen-Antagonismus und an der Revolutionstheorie.

3.1. "Widerspruch zwischen Produktivkräften und Produktionsverhältnissen"

Die Formel vom sich entwickelnden "Widerspruch zwischen Produktivkräften und Produktionsverhältnissen" samt ihrer Stilisierung zu einem alle Gesellschaftsformationen bestimmenden Geschichtsgesetz taucht, wie wir zeigten, bereits in Marx' Frühschriften auf, aber die in ihr steckende Untergangsprophezeiung des Kapitalismus konnte eine

---

[11] Interessant ist in diesem Zusammenhang auch, daß Marx' Bewertung des europäischen Kolonialismus dem gleichen Schema wie seine Kapitalismusdeutung folgt, was Kolakowski anhand einer Analyse politischer Schriften von Marx (vgl. Kolakowski 1988, Bd. 1, 392 ff.) aufgezeigt hat. Marx und Engels, die sich wiederholt zum europäischen Kolonialismus geäußert haben, waren keineswegs Vorkämpfer antikolonialistischer Freiheitsbewegungen, sondern sie haben den Kolonialismus, bei aller Kritik, fast immer gerechtfertigt. Daß es ein "Recht" der "höheren Zivilisation" gegenüber den niedrigeren, den außereuropäischen, gebe, stand für sie außer Frage. Als Hauptkriterium für derartige Bewertungen fungiert letztlich das Ausmaß des Abstandes verschiedener Gesellschaftssysteme zum "Endziel der Geschichte", dem Sozialismus.

"wissenschaftliche" Konkretisierung erst auf der Basis der Werttheorie des Spätwerks erhalten. Hier hat Marx in immer neuen Anläufen den ursprünglich philosophisch gewonnenen Gedanken vom "Selbstwiderspruch" und der "Selbstüberwindung" des Kapitalismus durchgearbeitet, und seine Gedanken im dritten Band des "Kapital" über das Gesetz des "tendenziellen Falls der Profitrate" sind ein großartiges Beispiel subtiler ökonomietheoretischer Argumentation. Freilich sollte diese Subtilität nicht darüber hinwegtäuschen, daß Marx' *Kerngedanken* sehr einfach sind und ohne die (wissenschaftlich unhaltbare) Grundprämisse seiner Werttheorie - daß die Arbeit nicht nur Wertmesser, sondern auch einzige *Quelle* des Werts sei - vollständig in sich zusammenbrechen. Ich fasse kurz seine Kerngedanken zusammen: Marx zeigt in unterschiedlichen Zusammenhängen sehr richtig auf, daß die konstitutiven Prinzipien der kapitalistischen Produktionsweise eine permanente Revolutionierung der Produktivkräfte der Arbeit erzwingen und schließlich zum Schwungrad einer Entwicklung werden müssen, in der "lebendige Arbeit" immer mehr an den Rand des Produktionsprozesses gedrängt wird. In einem eindrucksvollen Bild antizipiert er eine Struktur des Produktionsprozesses, wie sie erst in der Gegenwart verwirklicht worden ist: "In dem Maße aber, wie die große Industrie sich entwickelt, wird die Schöpfung des wirklichen Reichtums weniger abhängig von der Arbeitszeit und dem Quantum angewandter Arbeit (...), sondern vielmehr vom allgemeinen Stand der Wissenschaft und dem Fortschritt der Technologie, oder der Anwendung dieser Wissenschaft auf die Produktion (...) Die Arbeit erscheint nicht mehr so sehr als in den Produktionsprozeß eingeschlossen, als sich der Mensch vielmehr als Wächter und Regulator zum Produktionsprozeß verhält (...) Er ist nicht mehr der Arbeiter, der den modifizierten Naturgegenstand zwischen das Objekt und sich einschiebt; sondern den Naturprozeß,

den er in einen industriellen umwandelt, schiebt er zwischen sich und die unorganische Natur, deren er sich bemeistert "(Grundr. 592 f.).
Wenn es sich bei einem derartigen Zitat nur um eine Überlegung zur Technikentwicklung handeln würde, böte sich einer Kritik kein Ansatzpunkt. Es geht aber um mehr, nämlich um eine Konkretisierung des Gedankens vom systemsprengenden Verhältnis von Produktivkräften und Produktionsverhältnissen, um eine Illustration der Prognose, daß die konstitutiven Prinzipien des Kapitalismus die Produktivkräfte schließlich zu einem Niveau hochtreiben, das mit eben diesen Prinzipien unverträglich wird. Dies wird erst deutlich, wenn man Marx' These zur Technikentwicklung in den Kontext seiner kapitaltheoretischen Annahmen und Prämissen stellt. Dann erweitert sich *diese* These zur Aussage, daß in der Kapitalismusentwicklung der Anteil des "konstanten" Kapitals auf Kosten des variablen immer größer werden muß, und aus dieser Aussage entspringt dann die - aus der Werttheorie abgeleitete - Folgerung, der Kapitalismus würde sich kraft der ihn bestimmenden "Gesetze" zunehmend seine eigene Basis, die menschliche Arbeit, die einzige Quelle der Werterzeugung, entziehen. Daß der kapitalistische Verwertungsmechanismus Produktivkraftstrukturen hervorbringen muß, die die kapitalistischen Produktionsverhältnisse "sprengen", ist eine Vorstellung, der nur die Grundprämisse der Werttheorie eine gewisse Evidenz verleiht, und manchmal scheint es, als habe Marx Ansätze zur Revision dieser Grundprämisse nur deswegen nicht weiterverfolgt, um eine urprünglich rein philosophisch gewonnene Glaubensgewißheit nicht aufs Spiel setzen zu müssen.

3.2. Zwei-Klassen-Antagonismus und Revolution

Der ökonomietheoretischen Konkretisierung des geschichtsteleologischen Schemas dient bei Marx nicht nur die Entfaltung der Formel vom "zunehmenden Widerspruch zwischen Produktivkräften und Produktionsverhältnissen". Genauso wichtig ist hierfür sein Versuch in den Analysen zum "Akkumulationsprozeß des Kapitals" (vgl. Kap. I, 650ff.), der bereits im "Kommunistischen Manifest" vehement formulierten These von der unaufhaltsamen Verwandlung der kapitalistischen Gesellschaft in ein antagonistisches Zwei-Klassen-System ein wissenschaftliches Fundament zu geben. Die "wissenschaftliche" Untermauerung dieser These war eine Grundvoraussetzung für Marx' Revolutionskonzeption, und es war insbesondere die Revision dieser These durch einige "Marxisten" im letzten Jahrzehnt des 19. Jahrhunderts, die der Ausbildung eines modernen sozialdemokratischen Denkens den Weg ebnete. Marx' Prognose, daß die kapitalistische Gesellschaft sich zu einem Zwei-Lager-System entwickeln werde, umfaßt mehrere, teilweise sehr differenziert begründete Einzelaussagen, von denen die wichtigsten die folgenden sind: Daß *erstens* korrelativ zur Zusammenballung von immer mehr Kapital in immer weniger Händen der übergroße Teil aller Gesellschaftsmitglieder "proletarisiert" würde; daß es *zweitens* innerhalb des Proletariats zu einer zunehmenden Angleichung der Qualifikationsniveaus auf einer unteren Ebene kommen werde; und daß *drittens* die Arbeiterklasse einem wachsenden Verelendungsdruck ausgesetzt sein werde.

1.) *Zur Proletarisierungsthese*. Daß der kapitalistischen Entwicklung ein Mechanismus zur Proletarisierung "fast aller" Gesellschaftsmitglieder inhärent sei, hat Marx in Analysen zum Konzentrationsprozeß des Kapitals zu begründen versucht, die nicht falsch, aber unvollständig sind. Marx unterscheidet zwei Aspekte der Kapitalkonzentration, die *Zentralisation* und die eigentliche *Akkumulation* (vgl. Kap. I, 650ff.), und in beiden Fällen weisen seine Ausführungen, die ich im folgenden nur grob skizziere, einen hohen Grad an gedanklicher Stringenz und empirischer Adäquanz auf.

Unter "Zentralisation" versteht Marx nur einen Umverteilungsprozeß des Gesamtkapitals in bestimmten Produktionsbereichen, die Massierung vieler, ursprünglich selbständiger Kapitale in wenigen Händen, eine Massierung, die als Konsequenz der Effizienzvorteile größerer gegenüber kleineren Unternehmen begriffen wird: Der Produktivitätsvorsprung der großen Kapitale führt im Konkurrenzkampf zur Aufhebung der individuellen Selbständigkeit der kleinen Kapitale; oder er bewirkt die Abdrängung der Kleinen in neue, bisher nur unvollkommen exploitierte Felder, in denen ein intensiver Konkurrenzkampf der Vielen entsteht, der zum Untergang der jeweils schwächsten Glieder führt. "(Bei der Zentralisation) schwillt (das Kapital) hier in einer Hand, weil es dort in vielen Händen verloren geht" (Kap. I, 654). Von der Zentralisation hebt Marx die eigentliche Akkumulation ab, die Spirale ständiger absoluter Vergrößerung des in einem bestimmten Sektor investierten Kapitals. Auch hinsichtlich der Akkumulationschancen analysiert er die Vorteile der größten Kapitale, und er zeigt auf, wie sich Zentralisation und Akkumulation zu einem Mechanismus einspielen, der zu einer immer schnelleren Expansion der größten führt: Je höher der Akkumulationsgrad, desto wahrscheinlicher sind Zentralisierungsschübe, und je höher der Grad der Zentralisation, desto schneller bewegt sich die Spirale weiterer Akkumulatation, und es ist - so Marx - dieser Mechanismus, der die Gesellschaft in eine "beständig abnehmende

Zahl der Kapitalmagnaten" (vgl. Kap. I, 790) und eine entsprechend wachsende Arbeiterklasse zerspaltet.

Marx' Zwei-Klassen-Schema ist - wie wir häufig betonten - ein geschichtsphilosophisch "erzwungenes" Konstrukt, und es ist die Schwerkraft geschichtsphilosophischer Prämissen, die Marx im "Kapital" zur Ausblendung empirischer Trends führt, die diesem Konstrukt widersprechen. Dieses ließe sich gerade am Beispiel des Handwerks, des "alten Mittelstandes", dessen Verschwinden Marx prophezeit hatte, aufzeigen. Marx erwähnt in seinen Analysen nur die als Folge von Kapitalkonzentrationen *verschwindenden* Handwerksberufe, geht aber mit keinem Wort auf die seinerzeit bereits deutlich wahrnehmbaren neuen Handwerksberufe ein, die ein Produkt der Industrialisierung waren und einen "alten" Mittelstand ganz neuartigen Gepräges ermöglichten.

2.) *Zur Dequalifizierungsthese*. Im "Kapital" findet man häufig schlagwortartig hingeworfene Behauptungen über eine zunehmende Angleichung der Qualifikationsniveaus innerhalb der Arbeiterklasse auf einer niedrigen Ebene, aber diese Behauptungen werden nirgends wirklich begründet. Im "Kapital" gibt es nur eine industriesoziologische Analyse im engeren Sinn, das Kapitel "Die Fabrik" (Kap, I, 441ff.), aber gerade an dieser Analyse wird deutlich, wie sehr Marx seine Aussagen über "den" Industriekapitalismus aus der Phase der Frühindustrialisierung ableitet, deren Hauptcharakteristika zur Zeit der Abfassung des "Kapital" bereits weitgehend verschwunden waren. Hier beschreibt er vor allem die Dequalifizierung handwerklicher Fähigkeiten in der Fabrik, geht aber auf Entwicklungstrends der Qualifikationen der Industriearbeiterschaft kaum ein. Er konstatiert zwar, daß in der "modernen" Fabrik auch eine "numerisch unbedeutende" "höhere, teils wissenschaftlich gebildete, teils handwerksmässige Arbeiterklasse, ...(den) Fabrikarbeitern...aggregiert (Kap. I, 443), entstanden sei, entwikkelt daraus aber keine Prognosen über mögliche Differenzierungen der Arbeiterschaft, die seine geschichtsphilosophisch abgeleitete Hauptthese - die Homogenisierung der Arbeitsqualifikationen auf niedrigem Niveau - relativieren könnte. Bezeichnend für Marx' partielle Empirieblindheit ist auch, daß er den Ansätzen zur Bildung eines "neuen Mittelstandes" der Angestellten, der mit der Entwicklung großbetrieblicher Strukturen einherging, keine Aufmerksamkeit schenkt.

3.) *Zur Verelendungsthese*. Im "Kommunistischen Manifest" hatte Marx unzweideutig eine Tendenz zur "absoluten" Verelendung des Proletariats behauptet, und es ist einleuchtend, daß diese Prognose seinem geschichtsphilosophischen Grundmuster am ehesten entsprach. In den späteren Schriften dagegen findet man ein oftmals widersprüchliches Lavieren zwischen einer "absoluten" und einer "relativen" Verelendungstheorie, ein Lavieren, das unübersehbar vom Versuch geprägt ist, seinen Erwartungen eigentlich zuwiderlaufende Tendenzen so "auf den Begriff zu bringen", daß sie seinen Denkprämissen zu entsprechen scheinen. Dies wird besonders deutlich an Marx' frühester Formulierung der "relativen Verelendung" in der Schrift "Lohnarbeit und Kapital" von 1849: "Ein Haus mag groß oder klein sein, solange die es umgebenden Häuser ebenfalls klein sind, befriedigt es alle gesellschaftlichen Ansprüche an eine Wohnung. Erhebt sich aber neben dem kleinen Haus ein Palast, und das kleine Haus schrumpft zur Hütte zusammen... Es mag im Laufe der Zivilisation in die Höhe schießen noch so sehr, wenn der benachbarte Palast in gleichem oder gar in höherem Maß in die Höhe schießt, wird der Bewohner des verhältnismäßig kleinen Hauses sich immer unbehaglicher, unbefriedigter, gedrückter in seinen vier Pfählen finden."(MEW, Bd. 6., 411). Marx' Folgerung aus dem Anwachsen des Abstandes zwischen

Arm und Reich bei gleichzeitiger Verbesserung der sozialen Situation der "Hüttenbewohner" hat keineswegs die suggerierte Evidenz, und zwar auch deswegen nicht, weil er garnicht auf den Gedanken kommt, daß die "Hüttenbewohner" für die Deutung ihrer Situation möglicherweise auch einen ganz anderen Bezugspunkt als den "benachbarten Palast" wählen: "(Marx) Bild verdeckt...die eigentliche Frage, nämlich die nach dem Verhältnis von vorindustriellem Elend und industriellem Elend:Wenn die Bewohner der anfänglich kleinen Häuser immer wieder den Hungertod erlitten oder Seuchen zum Opfer fielen, dann werden die Enkel in den größeren Häusern, sofern sie solchen Plagen nicht mehr unterliegen, sehr zufrieden sein, selbst wenn neben tausend solcher Häuser sich ein riesiger Palast erhebt. Allenfalls wird ein verletzter Egalitätssinn sie zu Protesten treiben, aber nicht die relative Armut, die sie selbst viel mehr zu dem absoluten Elend der Vorväter in Beziehung setzen werden" (Nolte, 1983, 431).
Marx hat im "Kapital" an manchen Stellen auch an der "absoluten Verelendungstheorie" festgehalten, und es gibt eine Passage, in der dieses besonders deutlich wird. Ich zitiere diese Passage auch deswegen, weil sich in ihr noch einmal in einer großartigen Formulierung offenlegt, daß es einzig die rein geschichtsphilosophisch motivierte Revolutionshoffnung ist, aus der die gedankliche Konstruktion und der innere Zusammenhang von Marx' "Gesetzen der kapitalistischen Entwicklung" (systemsprengende Produktivkräfte; Dequalifizierung; Verelendung) entspringt. "Hand in Hand mit (der) Zentralisation oder der Expropriation vieler Kapitalisten durch wenige entwickelt sich die kooperative Form des Arbeitsprozesses auf stets wachsender Stufenleiter, die bewußte technische Anwendung der Wissenschaft, die planmäßige Ausbeutung der Erde, die Verwandlung der Arbeitsmittel in nur gemeinsam verwendbare Arbeitsmittel, die Ökonomisierung aller Produktions-

mittel durch ihren Gebrauch als Produktionsmittel kombinierter, gesellschaftlicher Arbeit,...Mit der beständig abnehmenden Zahl der Kapitalmagnaten, welche alle Vorteile dieses Umwandlungsprozesses usurpieren und monopolisieren, wächst die Masse des Elends, des Drucks, der Knechtschaft, der Entartung, der Ausbeutung, aber auch die Empörung der stets anschwellenden und durch den Mechanismus des kapitalistischen Produktionsverhältnisses selbst geschulten, vereinten und organisierten Arbeiterklasse. Das Kapitalmonopol wird zur Fessel der Produktionsweise, die mit und unter ihm aufgeblüht ist. Die Zentralisation der Produktionsmittel und die Vergesellschaftung der Arbeit erreichen einen Punkt, wo sie unverträglich werden mit ihrer kapitalistischen Hülle. Sie wird gesprengt. Die Stunde des kapitalistischen Privateigentums schlägt. Die Expropriateurs werde expropriiert "(Kap. I, 790f.).

In unüberbietbarer Deutlichkeit offenbart diese Stelle, daß auch Marx' "Kapital" ein durch und durch aus geschichtsphilosophischen Glaubensgewißheiten geformtes Produkt ist; eine vom "Willen zur Revolution" angetriebene, "wissenschaftlich" ummäntelte Sozialreligion. Alle "Einzelgesetze" der kapitalistischen Entwicklung, die Marx hier noch einmal zusammenfaßt, sind so konstruiert, daß sie das "Apriori" des Marxschen Denkens, den Willen zur revolutionären Systemtransformation, als ein gleichsam "logisches" Resultat seiner Analyse erscheinen lassen sollen, als das letzte und wichtigste "Geschichtsgesetz" der kapitalistischen Entwicklung, in das schließlich alle ihre Einzelgesetze einmünden.

Welche Konkretisierungen der Revolutionsgedanke, das Zentralmotiv aller Phasen des Marxschen Denkens, in den späten Schriften erfährt, soll hier nicht mehr verfolgt werden. Ich beschränke mich auf einige Hinweise, aus denen freilich hervorgeht, daß sich die Radikalität des

"Willens zur Revolution" beim späten Marx keineswegs abgeschwächt hat. Manchmal verdichtet sie sich in programmatischen Forderungen, die Grundgedanken von Lenins Revolutionstheorie vorwegnehmen, so z.B. in Marx' Geringschätzung des ökonomischen Kampfes der Arbeiterklasse - Kämpfe für ökonomische Verbesserungen im Kapitalismus werden nur als Vorbereitung des revolutionären Kampfes positiv bewertet (vgl. Kolakowski, 1988, I, 342ff.); oder in seiner Skizze der "Diktatur des Proletariats" in der "Kritik des Gothaer Programms", in der die innere Widersprüchlichkeit und der Utopismus der Marxschen Emanzipationsidee besonders handgreiflich werden: Daß in der Revolution der alte Staatsapparat "zerschlagen" und durch eine "Diktatur des Proletariats" ersetzt werden müsse, ist ein revolutionsstrategisch realistisches Postulat; aber es ist purer Utopismus, daß sich "danach" - ineins mit der Rückbildung der Klassenstruktur der Gesellschaft - auch der Staat selbst "aufheben" werde. Realistisch ist einzig die bereits von Bakunin in seinen Auseinandersetzungen mit Marx vehement verfochtene Annahme, daß die "Diktatur des Proletariats" einen historisch ganz neuartigen Staatsdespotismus begründen müsse. Denn die jetzt herrschende Gruppe würde ja nicht nur alle politische Macht in ihren Händen konzentrieren, sondern zugleich eine monopolistische Kontrollgewalt über die Produktionsmittel ausüben; sie wäre also im Besitz eines zweifachen Machtmonopols, das auch deswegen zur Selbstverewigung tendieren würde, weil seine Aufrechterhaltung ein funktionales Erfordernis im Sinne der Kommunismus-Konzeption von Marx selbst ist. Kommunismus wird von Marx als "Reich der Freiheit" in einem *System zentralisierter Wirtschaftsplanung* ausgemalt, aber eine zentralisierte Wirtschaftsplanung ist nur möglich auf der Basis des erwähnten zweifachen Machtmonopols der Planenden, dessen Existenz mit dem Freiheits- und Gleichheitspostulat völlig unvereinbar ist.

Literatur

L. Kolakowski, Die Hauptströmungen des Marxismus, Bd. I, 1988.

K. Marx, Werke, Zitate aus der MEW Ausgabe (Hg. vom Institut für Marxismus-Leninismus beim ZK der SED). Zitate aus dem "Kommunistischen Manifest" (KM) stammen aus der Ausgabe der "Frühschriften" von Siegfried Landshut, Stuttgart 1968. Die Abkürzungen für "Das Kapital" (MEW 23-26): Kap. I, II, III. Die "Grundrisse der Kritik der Politischen Ökonomie" (zitiert nach der Ausgabe Berlin-Ost 1974) werden als "Grundr." abgekürzt.

E. Nolte, Marxismus und industrielle Revolution, 1983.

F. Pohlmann, Die Strukturtheorie des Kapitalismus bei Karl Marx, 1987.

H. Popitz, Der entfremdete Mensch, 1967.

Lenins Umbildung des Marxismus

Über das Verhältnis des Leninismus zur Marxschen Theorie findet man recht verschiedene Ansichten. Drei Argumentationstypen aber sind in der wissenschaftlichen Literatur und in politischen Auseinandersetzungen dominant: die Behauptung einer "guten" oder "schlechten" Kontinuität und die Deformationsthese. Die Propagandisten des sowjetkommunistischen Systems etwa priesen den Leninismus immer als eine "schöpferische" Fortentwicklung des Marxismus, womit sie Kontinuitätsthesen von formal ganz ähnlicher Art verfochten wie manche Konservative, die im Leninismus eine gesteigerte Form des "Marxschen Antihumanismus" erblickten. Warum "kritische" westdeutsche Linke eher Diskontinuitätsthesen zuneigten - der "emanzipatorische Gehalt" von Marx' Lehre sei im Leninismus vollständig "deformiert" worden -, liegt auf der Hand: Da die konstitutive Rolle der leninistischen Ideologie für die "autoritäre" Wirklichkeit des Sowjetkommunismus nicht verborgen geblieben war, konnte mittels der Diskontinuitätsbehauptung ein argumentativer Schutzwall gegen Thesen über Zusammenhänge zwischen Werten und Zielen von Marx und *diesem System* errichtet werden; und man war der Mühe enthoben, mögliche praktische Konsequenzen des eigenen, durch Marx mitgeformten "Humanismus", dem man die Attitüden moralischer Superiorität verdankte, ins Auge zu fassen.

Ich vertrete hier zum Verhältnis von Marxismus und Leninismus die These, daß Lenin in einem Strang seines Denkens der "echteste" Marxist seiner Zeit war, daß er am konsequentesten zentrale Intentionen von Marx theoretisch und praktisch so konkretisiert hat, daß sie zu erfolgversprechenden Instrumenten des politischen Kampfes werden konnten. Andererseits finden sich bei Lenin aber auch gänzlich "unmarxistische" Denkmuster, und diese waren das

Ergebnis des Versuchs, eine "sozialistische" Revolution in einem Lande durchzuführen, das keine einzige der von Marx für eine solche Revolution genannten gesellschaftlichen Voraussetzungen ausgebildet hatte.
Bevor ich im folgenden die inhaltlichen Hauptelemente des Leninismus in ihrer Beziehung zur Marxschen Theorie behandle, sind einige einführende Bemerkungen über Grundcharakteristika von Lenins Denken sinnvoll.

I. Grundmerkmale von Lenins Denken

1. Primat revolutionärer Praxis

Alle Gedanken Lenins sind von einem Ziel beherrscht: der Revolution. Der Leninismus ist zuallererst *Revolutionstheorie*, Theorie der Bedingungen, der Organisation und der Einzeletappen der russischen Revolution und der "proletarischen Weltrevolution". Daß bereits dieses Grundmerkmal seines Denkens eine ganz enge Beziehung zur Marxschen Theorie bezeichnet, ist eine These, die keineswegs so selbstverständlich ist, wie sie zu sein scheint. Gewicht bekommt sie nämlich erst durch den Aufweis, daß "Revolution" auch bei Marx nicht ein Thema unter anderen ist, sondern an erster Stelle steht; daß Marx' Gesamtwerk als Versuch der theoretischen Fundierung seines "Willens zur Revolution" zu begreifen ist. Deshalb waren auch die Versuche der "Revisionisten" in der Zweiten Internationale, den Revolutionsgedanken aus dem "Marxismus" entfernen zu wollen, zwar realistisch, aber keineswegs marxistisch; und es bezeichnet eine merkwürdige Paradoxie, daß die Vorbildfunktion Lenins nach der Oktoberrevolution die zentrale Intention des Marxismus - die "proletarische Revolution" - zu einer Zeit in den westeuropäischen Ländern massenwirksam machte, in der sie anachronistisch geworden war.

Daß Marx' und Lenins Denken gleichermaßen durch den "Primat der Revolution" bestimmt ist, darf freilich nicht darüber hinwegtäuschen, wie verschieden sich bei beiden der Revolutionsgedanke präsentiert. Bei Marx steht er an der Spitze eines philosophischen und ökonomischen Systems der Welterklärung, ihm geht es vor allem um den Aufweis der "historischen Notwendigkeit" der Revolution, aber dabei bleibt "Revolution" meistens ein theorieüberladenes Konstrukt, gewissermaßen ein philosophischer Gedanke. Lenin dagegen ist der Theoretiker der Tat, der Planer und Organisator der "wirklichen" Revolution: Er "vollendet" Marx, indem er dessen Idee der "revolutionären Praxis" so fortbildet, daß sie praxiswirksam werden kann. Genau in diesem Sinne hat sich Lenin übrigens immer auch selbst verstanden. Er war fest davon überzeugt, daß Marx alle Probleme allgemein-theoretischer Art "gelöst" habe und es jetzt nur noch darauf ankomme, diese Lösungen für eine erfolgreiche revolutionäre Praxis "richtig anzuwenden". Die daraus resultierende Simplifizierung und Dogmatisierung der Marxschen Theorie hat Kolakowski treffend in der Feststellung zusammengefaßt, daß fast alle Schriften Lenins Variationen der Frage "Ist das gut oder schlecht für die Revolution?" (Kolakowski 1988, Bd. II, 429) sind; und daß hiervon auch seine Thesen zur Kunst und Literatur nicht ausgenommen sind: Kunst und Literatur sind Mittel im Klassenkampf und sonst nichts, hemmende oder fördernde "Faktoren" eines Prozesses, der letztlich im Sozialismus endet. Noch einmal aber möchten wir unterstreichen, daß wir die aus Lenins "Primat der revolutionären Praxis" entspringende Reduktion des gedanklichen Gehalts der Marxschen Theorie nicht als "Deformation", sondern als eine konsequente Zuspitzung derselben auffassen. Damit Marx' Theorie werden konnte, was sie zu sein beanspruchte, weltverändernde Erkenntnis, mußte sie von ihren Erkenntnisintentionen entbunden und auf ihren Weltveränderungsimpuls reduziert werden.

2. Glauben an die Heraufkunft der sozialistischen Weltgesellschaft

Daß die Heraufkunft der "sozialistischen Weltgesellschaft" einem "unabänderlichen Geschichtsgesetz" gehorche, davon war Lenin zeitlebens überzeugt, und gerade auch deshalb war er ein "echter" Marxist. Denn der Glaube an ein "Endziel der Menschheitsgeschichte" ist ein so substantieller Bestandteil des Marxschen Denkens, daß es höchst zweifelhaft ist, ob ein von seiner teleologischen Dimension befreiter Marxismus überhaupt noch als "Marxismus" bezeichnet werden kann. Lenin jedenfalls hängt dem dialektisch-teleologischen Geschichtsschema von Marx mit intensiver Gläubigkeit an, wobei es besonderes Interesse verdient, daß seine ganze Aufstandspolitik in Rußland im Jahre 1917 auf der Prämisse beruhte, die russische Revolution werde unausweichlich die westeuropäische Revolution entzünden, werde den geschichtlich vorbestimmten gewalttätigen Eintritt des internationalen Proletariats ins sozialistische Endreich beschleunigen. Einige Zitate aus Reden und Artikeln Lenins aus der Zeit 1917/1918 mögen die "religiöse" Intensität seines Glaubens illustrieren: "...Das Heranreifen und die Unvermeidlichkeit der sozialistischen Weltrevolution unterliegen keinem Zweifel", schrieb er im September 1917, und beinahe am Vortage der Oktoberrevolution verkündete er: "Es kann keinen Zweifel geben. Wir stehen an der Schwelle der proletarischen Weltrevolution". Im Januar 1918, während die Materialschlachten des Weltkrieges tobten: "Wir sehen..., daß die sozialistische Revolution in allen Ländern der Welt täglich, ja stündlich heranreift". Und im

August 1918, als eine sichere Prognose über den Ausgang des Krieges "von außen" noch garnicht möglich war: "Schon sieht man die Funken und die revolutionären Explosionen in Westeuropa immer häufiger aufflammen; sie geben uns die Gewißheit, daß der Sieg der revolutionären Arbeiterrevolution nicht mehr fern ist" (Zitate aus Kolakowski 1988 Bd. 2, 532f.).

3. *Dogmatismus*

Wie fast alle sozialistischen Führer seiner Zeit war auch Lenin intensiv um die Nutzung der charismatischen Potenzen, die der Marxschen Lehre mittlerweile zugesprochen wurden, für seine Ideen bemüht. Es ist keine Besonderheit Lenins, daß er beständig den vollständigen Einklang seines Denkens mit demjenigen von Marx unterstreicht und "beweist", aber es gibt doch zwei Merkmale, durch die sein Dogmatismus das zeitübliche Maß übersteigt. Auffallend ist zunächst die Heftigkeit, mit der er andere Marxisten bei oftmals geringfügigen Differenzen über praktisch-politische Fragen attackiert und ihnen, in immer gleicher Wortwahl, "Abweichung", "Revisionismus" und "Renegatentum" vorwirft. Lenin scheint immer auf der Suche nach Anlässen für parteiinterne Kontroversen zu sein, die er dann mit obsessiver Beharrlichkeit zu Prinzipienfragen über den "wahren Marxismus" stilisiert. Zwar entsprangen Lenins Attacken nur in seltenen Fällen einer intellektuellen Sorge um die Reinhaltung der "heiligen Quelle" - es waren vor allem Instrumente zum Aufbau seiner Führerstellung -, aber sie haben der Dogmatisierung des Marxismus in der späteren Sowjetideologie ihren Stempel aufgedrückt und in dieser Hinsicht vielleicht noch stärker gewirkt als Lenins theoretische Schriften, an denen der Dogmatisierunsgswillen - die Intention zur Reduktion des Marxismus auf ein System kanonisierter

Formeln - unmittelbar ins Auge sticht. In ihnen fungiert der Klassenbegriff als Universalschlüssel zur Erkenntnis der Vergangenheit und Zukunft und als Richtschnur für "reaktionäre" oder "progressive" Praxis; und ihre Quintessenz besteht in der These, daß Klasseninteressen jeden Bereich gesellschaftlicher Wirklichkeit - von der Philosophie bis zum Staat - "bestimmen". An Lenins theoretischen Schriften kann man gut die totalitäres Denken auszeichnende gedankliche Vereinseitigung von "Welt" illustrieren; dessen Bemühen, alles auf die Ebene einer Dimension zu pressen und aus wenigen Grundformeln "abzuleiten". Freilich sollte nicht übersehen werden, daß dieser totalitäre Grundzug des Leninismus bei Marx vorgebildet war. Thesen über die Klassengebundenheit aller Phänomene menschlichen Seins bezeichnen auch die Quintessenz der meisten Gedanken von Marx, und deshalb ist die Behauptung berechtigt, daß der Dogmatismus Lenins eine konsequente Fortschreibung einer Grundlinie Marx'schen Denkens war.

4. Radikalisierung im Krieg

Der Krieg bewirkte eine unerhörte Radikalisierung von Lenins Denken, und er schuf zugleich die Voraussetzungen für die Herausbildung des Leninismus als einer eigenständigen, fest umrissenen Richtung in der sozialistischen Bewegung.

Es ist bekannt, in welch tiefe Krise der Kriegsausbruch im Jahre 1914 die internationale sozialistische Bewegung stürzte. Noch unmittelbar vor dem Krieg war dem Kampf gegen Militarismus, Nationalismus und Kolonialismus in der sozialistischen Programmatik eine herausgehobene Stellung zugewiesen worden, aber als der mit Kriegsbeginn in den europäischen Ländern explodierende Nationalismus auch die Sozialisten mit sich fortriß, erwiesen sich diese Parolen schlagartig als leere Worte. Über Nacht hatte sich das ideologische und organisatorische Fundament der bisherigen sozialistischen Bewegung ins Nichts aufgelöst, war eine Situation entstanden, die eine neue Definition sozialistischen Selbstverständnisses erzwang.

Es war keineswegs Zufall, sondern in ideologischen Vorkriegsströmungen bereits angelegt, daß daraus zwei Konzeptionen erwuchsen, die sich mehr und mehr als miteinander unvereinbar erwiesen: eine kommunistische Variante, die sich nach dem Sieg der Bolschewiki im Jahre 1917 vollständig auf den Leninismus ausrichtete; und eine anti-revolutionäre, "revisionistische" Konzeption, die nach 1918 in ihrer Gegnerschaft zum bolschewistischen Kommunismus ihr Eigenprofil konturierte und sich ganz auf das Ziel sozialer und demokratischer Reformen konzentrierte.

Lenins Thesen über die Strategie der Sozialisten während des Krieges (ausführlich wiedergegeben bei Kolakowski 1988 Bd. 2, 525ff.) waren von Anfang an von singulärer Radikalität und fanden zunächst kaum Resonanz. Sie demonstrieren, mit welcher Rigorosität Lenin am "Primat der Revolution" festhielt, und sie demonstrieren die Konsequenzen, die aus Marx' und Lenins Revolutionsgedanken resultieren müssen, wenn man ihn ernst nimmt. Bereits Lenins Grundthese, der Krieg zwischen den entwickelten Staaten solle nicht pazifistisch verdammt, sondern als Beschleunigungsfaktor des revolutionären Prozesses begriffen werden, ist - gemessen an den Prämissen und Zielen Marxschen Denkens - zweifellos korrekt; und auch sein Haß auf die "Sozialchauvinisten" und Pazifisten in der sozialistischen Bewegung, die er unerbittlich zu bekämpfen forderte, entspringt einer genuin Marxistischen Emotion. Die Radikalität seiner Hauptparole - *in jedem Land müsse das Proletariat zur militärischen Niederlage der eigenen Regierung beitragen, um den imperialistischen Krieg in einen Bürgerkrieg umzuwandeln* - erschreckt noch immer; aber man kann sich auch der Einsicht nicht erwehren, daß es zu dieser Parole für ein konsequentes marxistisches Denken überhaupt keine Alternative gibt.

Lenin hat sich auch vor, während und unmittelbar nach dem Krieg in Aufsätzen grundsätzlich mit dem Verhältnis von kommunistischer Bewegung und Krieg befaßt. Seine Hauptthese findet man in seiner 1918 verfaßten Schrift "Die proletarische Revolution und der Renegat Kautsky" (Lenin, Werke Bd. 28, 287): "Der Charakter eines Krieges (ob er ein reaktionärer oder ein revolutionärer Krieg ist) hängt nicht davon ab, wer der Angreifer ist und in wessen Hand der <Feind> steht, sondern davon, welche Klasse den Krieg führt, welche Politik durch diesen Krieg fortgesetzt wird". Kriege sind für Lenin also nicht unabhängig von den sie auslösenden Klasseninteressen bewertbar, sie sind gewissermaßen die nach außen gewendete Seite des Klassenkampfs; und ein klassenneutral gefaßter Begriff von "Angriffskrieg" ist für ihn "bürgerlicher Schwindel". Daraus folgt, daß ein "proletarischer Staat" prinzipiell das "Recht" und unter gewissen Umständen sogar die Pflicht zur Kriegführung gegen "kapitalistische" Staaten besitzt, denn derartige Kriege verkürzen den weltrevolutionären Prozeß, beschleunigen den Eintritt der Menschheit ins sozialistische Reich des "ewigen Friedens". Wie Lenins These "So lange es den Kapitalismus neben dem Sozialismus gibt, können sie nicht in Frieden leben" (Werke Bd. 31, 452) zu verstehen ist, verrät eine zweifellos ernst gemeinte Äußerung aus dem November 1920: "Sobald wir stark genug sind, den gesamten Kapitalismus niederzuwerfen, werden wir ihn sofort an der Gurgel packen" (Werke Bd. 31, 437). In diesen Äußerungen ist die ideologische Leitlinie der Außenpolitik des neuen kommunistischen Staates auf den Begriff gebracht, sie veranschaulichen, was der Sieg des Leninismus in Rußland 1917 *zwischenstaatlich* bedeutete: den Sieg einer Partei, die einen universalen Geltungs- und Wahrheitsanspruch mit einem Gewaltpostulat verband, das sich auch gegen andere Staaten und in gewisser Weise gegen *alle* anderen Staaten richtete. "1917" wurde damit zum Beginn einer Epoche zwischenstaatlicher Frontbildungen einer zuvor nicht gekannten Art.

II. Lenins Konzeption der revolutionären Partei

Zentrum von Lenins Fortbildung des Marxschen Revolutionsgedankens war seine Konzeption der revolutionären Partei. Bevor ich dieses Parteimodell beschreibe, ist ein kurzer Hinweis auf einige seiner ideologischen Wurzeln sinnvoll.

Unzweifelhaft sind Merkmale von Lenins Parteibegriff bei Marx selbst angedeutet, etwa in seinen Gedanken über die Aufgaben der Kommunisten im "Kommunistischen Manifest"; und es ist auch unübersehbar, daß Kautsky diesen Andeutungen eine auf Lenin hinweisende Konkretisierung gegeben hat, aber als die eigentlichen Vorläufer des Prinzips der Kaderpartei sollte man die Revolutionsmodelle Babeufs und Blanquis ansehen.
Bekanntlich hat Babeuf die politischen Gleichheitspostulate der französischen Revolution zu einer Radikalkritik des Privateigentums erweitert und mit der Forderung einer gewaltsamen Revolution durch eine konspirative Organisation verbunden. Diese müsse im "wahren Interesse" des Volks die Macht so lange ausüben, bis dasselbe zur Selbstregierung fähig sei. Blanqui hat dann Ideen des Babeuvismus mit Impulsen des - mit der Industrialisierung emporwachsenden - revolutionären Sozialismus verknüpft. Er war der eigentliche Schöpfer der Idee der "Diktatur des Proletariats", wobei er an eine von einer organisierten Minderheit im Namen des Proletariats ausgeübte Diktatur dachte; und er verbreitete in der sozialistischen Bewegung seine Überzeugung von der Bedeutung konspirativer revolutionärer Organisationen. "Blanquismus" wurde zu einem viel benutzten Stereotyp in der sozialistischen Bewegung, das eine "unmarxistische" Revolutionsidee kennzeichnen sollte, nämlich die Auffassung, daß konspirativ agierende revolutionäre Organisationen ohne Rücksicht auf die "objektiven" sozioökonomischen Verhältnisse in politisch günstigen Situationen die Macht ergreifen müßten und mittels einer Erziehungsdiktatur den Kommunismus verwirklichen sollten. Daß die Menschewiki den Leninisten zeitweise "Blaquismus" vorwarfen, war keineswegs völlig unberechtigt, denn Lenins Parteikonzeption verknüpft tatsächlich weiterentwickelte Motive aus der babeuvistisch-blanquistischen Linie sozialistischer Theorie mit dem Marxschen Klassenkampfmodell.

Lenin hat seine Parteitheorie im wesentlichen bereits 1902 in seiner Schrift "Was tun?" entwickelt, und zwar in einer polemischen Auseinandersetzung mit sog. "ökonomistischen" Strömungen in der russischen Sozialdemokratie (zum folgenden vgl. auch Kolakowski 1988 Bd. 2, 431ff.). Seine Angriffe richteten sich gegen zwei Thesen der "Ökonomisten": Daß dem ökonomischen Kampf des Proletariats der Vorrang vor seinem politischen Kampf einzuräumen sei und daß "die Partei" vor allem als *Sprachrohr* der Arbeiterbewegung zu fungieren habe. Daß Lenin diese Thesen als "unmarxistisch" attackiert, ist nicht ungerechtfertigt, denn Marx hatte den ökonomischen Kampf nur als Bildner revolutionären Bewußtseins positiv bewertet, und er hatte den Kommunisten eine Avantgardefunktion zugewiesen; aber es ist auch erkenntlich, daß der Zentralpunkt von Lenins Kritik auf Prämissen beruht, die Marx' Auffassungen verzerren. Daß Lenin den "Ökonomisten" vorwirft, ihre Parteikonzeption sei deswegen falsch, weil in ihr die Bedeutung der Theorie für den revolutionären Prozeß ausgeklammert sei, ist eine Auffassung, die sich in Marxschen Bahnen bewegt, aber Lenins weitergehende Behauptung, kraft eigener Erfahrung könne die Arbeiterbewegung nie die Schranken *bürgerlichen Bewußtseins* überschreiten, ist mit Marx' These vom Proletariat als "revolutionärem Subjekt" nicht mehr recht vereinbar. Lenin schreibt: "Kann von einer selbständigen, von den Arbeitermassen im Verlauf ihrer Bewegung selbst ausgearbeiteten Theorie keine Rede sein, so kann die Frage nur so stehen: bürgerliche oder sozialistische Ideologie. Ein Mittelding gibt es hier nicht, denn eine >dritte< Ideologie hat die Menschheit nicht geschaffen, wie es überhaupt in einer Gesellschaft, die von Klassengegensätzen zerfleischt wird, niemals eine außerhalb der Klassen oder über den Klassen stehende Ideologie geben kann... Aber die *spontane* Entwicklung der Arbeiterbewegung führt eben zu ihrer Unterordnung unter die bürgerliche Ideologie (Lenin, Werke Bd. 5, 395f.)" Dies Zitat ist eine Schlüsselstelle für das

Verständnis von Lenins Parteikonzeption, und es enthält die paradoxe Behauptung, daß die Arbeiterbewegung, sich selbst überlassen, eine "bürgerliche" - gewissermaßen sich selbst feindliche - Bewegung sei, was einschließt, daß auch eine als deren Sprachrohr auftretende Partei die magische Schwelle zum "Proletarischen" nicht überschreiten könne, was auch immer ihr Selbstverständnis und ihre soziale Zusammensetzung sei. Im wahrhaften Sinn "proletarisch" ist keineswegs das empirische Proletariat, sondern einzig *die* Partei, die um die historische Mission des Proletariats - wie sie die marxistische Theorie vorsieht - weiß und in diesem Sinne das Proletariat zu führen versteht; und nur insofern das Proletariat von dieser Partei geführt *wird*, *wird* es zum "wirklichen" Proletariat. Und für den "proletarischen" Charakter der Partei spielt es letztlich keine Rolle, ob sich diese vornehmlich aus Arbeitern zusammensetzt, wesentlich ist vielmehr ein Bekenntnisakt - das Bekenntnis zur marxistischen Theorie des Proletariats; und es ist dieses Bekenntnis, durch das die Klassenherkunft sozusagen ausgelöscht wird und das wahre Klassenbewußtsein entsteht. Halten wir fest: Bei Lenin liegt eine Gleichsetzung von "proletarischem" Bewußtsein und marxistischer Theorie zugrunde und zugleich die These, daß das Proletariat alleine nie zu "seinem" Bewußtsein kommen kann. Dieses verkörpert sich einzig in der Partei, ist "Parteibewußtsein", und für den "proletarischen" Charakter desselben ist es prinzipiell gleichgültig, wie sich die Arbeiterbewegung zu "ihrer" Partei verhält. Nur die Partei weiß, was im historischen Interesse des Proletariats liegt, und nur sie, als einzige Kennerin der "Gesetze der gesellschaftlichen Entwicklung" vermag zu bestimmen, wie jeweils das "wahre" Bewußtsein des Proletariats, das von seinem empirischen nie erreicht werden kann, "objektiv" beschaffen ist.

Ich hatte gesagt, daß Lenins Parteikonzeption auch auf Prämissen beruht, die Thesen von Marx widersprechen, aber dieser Dissens bedeutet nicht, daß Lenins Parteikonzeption nicht als legitime Weiterbildung der Marxschen Revolutionstheorie begriffen werden dürfte. Denn wer Marx' Auffassung teilt, in seinem Werk finde sich die einzig richtige Erklärung der Situation des Proletariats und seiner Ziele und diese sei zugleich ein Schlüssel zur Erkenntnis auch der zukünftigen Entwicklungsgeschichte der Menschheit, und wer darüber hinaus konzediert, daß das Verständnis dieser Theorie wegen ihres "wissenschaftlichen" Charakters nur einer "Elite", nicht aber gewöhnlichen Arbeitern möglich sei, dem können die Konsequenzen Lenins als durchaus schlüssig erscheinen. Man kann somit die Entwicklung von Marx zu Lenin formelhaft folgendermaßen zusammenfassen: Marx' metaphysische Konzeption des Proletariats - das Proletariat als Hebel und Vollstrecker des Übergangs von der "menschlichen Vorgeschichte" zum Sozialismus als Sinn und Zweck der Geschichte - ist bei Lenin zu einer metaphysischen Auffassung der "Partei des Proletariats" verwandelt und zugespitzt worden, zur Auffassung, ihr - "der Partei" - sei kraft ihres Erkenntnismonopols der *Vollzug* der historischen Mission des Proletariats zu übertragen.

Lenins Postulate zur *organisatorischen* Struktur der revolutionären Partei sollen hier nicht behandelt werden. Ich beschränke mich auf einen kurzen Hinweis, der demonstriert, daß die Organisation der bolschewistischen Partei ein Produkt der gerade analysierten ideologischen Setzungen und zugleich ganz einfacher revolutionspraktischer Erwägungen war. Lenin wollte eine schlagkräftige, zu schnellen Reaktionen fähige revolutionäre Organisation, und deswegen focht er von Anfang an für einen strikt hierarchisch strukturierten, an militärischer Disziplin orientierten Parteiaufbau, für den "demokratischen Zentralismus". Auf "demokratischen Zentralismus" laufen freilich ebenso die Grundprämissen seiner Parteiideologie zu. Denn die Auffassung, "die Partei" verkörpere die "Wahrheit" des Proletariats, konnte von Anfang an nichts anderes sein als eine euphemistische Umschreibung für das beanspruchte Wahrheitsmonopol der Parteiführung, dem sich "die" Partei zu fügen hat.

Es ist bekannt, daß Lenins Parteimodell auch innerhalb der radikalen Linken auf heftige Kritik stieß. Ich erwähne kurz zwei prominente Stimmen.

1904 veröffentlichte Leo Trotzki - der Organisator der "Roten Armee" während des Bürgerkriegs und einer der radikalsten Propagandisten des "roten Terrors" - in Genf eine Broschüre mit dem Titel "Unsere politischen Aufgaben", in der er unter anderem Lenins Parteimodell attakkierte. Interessant ist Trotzkis Kritik deshalb, weil in ihr eine erste Ahnung von dem Mechanismus zum Despotismus aufschimmert, der in Lenins Parteikonzeption eingebaut ist. Trotzki behauptet hier, Lenins Vorrang der Partei vor der Arbeiterklasse müsse zur Folge haben, daß im Laufe der Zeit das Zentralkomitee an die Stelle der Partei treten werde, und am Ende werde sich ein Diktator an die Stelle des Zentralkommitees setzen.

Rosa Luxemburg war die andere prominente Kritikerin Lenins unter den radikalen Linken, und auch sie ist später oft zitiert worden. Man sollte freilich nicht übersehen, daß Rosa Luxemburg Lenins Konzept der revolutionären Partei letztlich nur einen schwärmerischen Glauben entgegenzusetzen weiß, den Glauben nämlich, die Arbeiter würden kraft immanenten Lernens in spontanen Massenstreiks ein revolutionäres Bewußtsein im Sinne der Ziele des Marxismus entwickeln; virtuell sei dieses Bewußtsein bereits in ihrer gesellschaftlichen Lage enthalten. Eindrucksvoll ist der Umschlag von Rosa Luxemburgs Glauben in Haß und Verachtung. Als die deutschen Arbeiter nach vier Jahren Krieg noch immer nicht Marx' revolutionäre Verheißung verwirklichten, schrieb sie im 10. Spartakusbrief: "Das deutsche Proletariat übertrifft wahrlich das berühmteste Beispiel bedientenhafter Treue: Jene Schweizer Garde, die sich vor dem Palast des letzten Bourbonen von stürmenden Revolutionshaufen niedermachen ließ... Wenn sich ein zweiter Thorwaldsen finden sollte, der das Bild dieser ergreifenden Sklaventreue nach vier Jahren Weltkrieg zu Nutz und Frommen ferner Geschlechter in Marmor hauen wird, so wird er entschieden keinen Löwen als Symbol wählen, sondern einen Hund!" (Luxemburg, 1958, 440).

III. "Unmarxistische" Ideologiemuster bei Lenin

Bisher haben wir Ideologiemuster bei Lenin untersucht, in denen er sich tatsächlich als derjenige erweist, der er zu sein beansprucht: ein konsequenter "Anwender" und Fortbildner der Marxschen Theorie. Der Primat der Revolution in Lenins Denken, sein Dogmatismus, seine Thesen über den Krieg und auch sein Parteimodell enthalten - sieht man von Verzerrungen in Details ab - keine Gedankenfiguren, die mit den Intentionen und Prämissen von Marx unvereinbar wären. Der Leninismus war freilich nicht nur eine "allgemeine" Revolutionstheorie, sondern vor allem eine Lehre über die Strategie und Taktik der *russischen* Revolution, und diese Dimension ist bisher noch kaum angesprochen worden. Wenn wir sie in den Vordergund rücken, werden wir auf "unmarxistische" Grundmotive stoßen, die praktisch höchst folgenreich geworden sind. Alle sind sie letztlich Produkt des Versuchs, eine Revolution mit sozialistischer Zielvorstellung in einem Land zu initiieren, dessen Gesellschaftsstruktur keine der von Marx für den Sozialismus postulierten Voraussetzungen ausgebildet hatte.

1. Bündnispolitik

In allen russischen Oppositionsgruppen war bereits vor 1905 die begründete Überzeugung verbreitet, daß Rußland am Vorabend einer Revolution stehe, aber selbst unter den Marxisten gab es kaum jemanden, der glaubte, die gesellschaftlichen Folgen des Sturzes des Zarismus würden einen raschen Übergang zum Sozialismus ermöglichen. Den meisten war das Ausmaß der Zurückgebliebenheit Rußlands hinter den entwickelten westeuropäischen Ländern klar bewußt, und auch Lenin verfocht - ohne freilich jemals das sozialistische Ziel aus dem Auge zu verlieren - die These, daß erst im nachzaristischen Rußland ein wirkliches "Nachholen" der industriekapitalistischen Entwicklung Westeuropas - und diese hatte fast ein Jahrhundert gedauert - möglich sei. Lenin begriff sich in seinen Schriften bis zum Krieg als revolutionärer Mitgestalter einer Entwicklung, deren "Endziel" er selbst kaum erleben würde. Lenins Auffassung, die russische Revolution werde ihrem Charakter nach eine "bürgerliche" Revolution sein, sie werde die Weichen für eine längere Epoche der kapitalistischen Industrialisierung stellen, war Gemeingut in der russischen Sozialdemokratie und widersprach nicht Marx. Differenzen freilich gab es in der Sozialdemokratie über die "marxistischen" Strategien zur Forcierung der "bürgerlichen" Revolution und zur Abkürzung der kapitalistischen Phase. Sie entzündeten sich merkwürdigerweise nicht an der Einschätzung der Rolle "des Proletariats" im Revolutionsprozeß - trotz der zahlenmäßigen Winzigkeit der russischen Industriearbeiterschaft erhob man das "Proletariat" zur "führenden Kraft" in der "bürgerlichen" Revolution -, sondern vor allem an der Frage, welche gesellschaftlichen Klassen und politischen Parteien als "natürliche Verbündete" "des Proletariats" im Revolutionsprozeß zu betrachten seien. Lenin vertrat in diesem Punkt frühzeitig eine ganz eigenständige Position, die - machtstrategisch höchst einleuchtend - kaum als "marxistisch" bezeichnet werden kann. Er setzte nämlich nicht - wie die meisten Sozialdemokraten - auf ein "Bündnis" mit dem Bürgertum und den liberalen Parteien, sondern auf das Bauerntum, die bei weitem größte russische Bevölkerungsgruppe, deren gewaltiges revolutionäres Potential er klar erkannte (vgl. z.B. Lenin, Das Agrarprogramm der russischen Sozialdemokratie, 1902, in "Werke", Bd. 6). Und er war auch keinesfalls der Meinung, daß in der Zeit der "Entfaltung des Kapitalismus" nach der Revolution die politische Macht primär von den Repräsentanten des Bürgertums ausgeübt zu werden brauche; sie müsse vielmehr auf besagtem "Bündnis" zwischen Proletariat und Bauernschaft beruhen. In diesem Bündnisschema steckt in ersten Ansätzen die Vorstellung von einem ganz eigenständigen "russischen Weg zum Sozialismus", der mit Marx' Entwicklungsmodell nicht mehr viel zu tun hat. Wie soll man sich die Entfaltung des "Kapitalismus" in einem System, das dessen Trägerschicht von der politischen Macht aussperrt, vorstellen? Und wie denkt sich Lenin, der sein Bündnisschema auch im Hinblick auf das große "Endziel" entwirft, den Übergang vom "russischen Kapitalismus" zum Sozialismus? Die Beantwortung dieser Fragen, die sich zunächst wie merkwürdige ideologische Spiegelfechtereien ausnehmen, enthüllt, daß Grundmerkmale der späteren terroristischen Entwicklungsdiktatur in frühen ideologischen und machtstrategischen Entscheidungen vorgezeichnet waren. Evident ist zunächst, daß Lenins Konzeption - ein politisches Herrschaftssystem, das auf der Dominanz der "Partei des Proletariats" und der Unterstützung der "Bauernschaft" beruht, dem Bürgertum aber keine Partizipationschancen einräumt - eine industriekapitalistische Entwicklung nach westeuropäischem Muster ausschließt und der großen Alternative - einer Industrialisierung "von oben", durch die "Partei des Proletariats" - den Weg ebnet. Und es liegt auch auf der Hand, welches Schicksal dem "Bündnis" zwischen Proletariat und Bauernschaft in einem System vorbestimmt ist, das nur ein "notwendiges Übergangsstadium" zum sozialistischen "Endziel" sein soll: Der Eintritt in den Sozialismus wird die Auflösung des "Bündnisses" erzwingen, wird die Revision aller Maßnahmen notwendig machen, durch die ursprünglich die Unterstützung der Bauernschaft gewonnen worden ist. Gewinnen wollte Lenin die Bauern vor allem durch Umverteilungsmaßnahmen des Bodens, die das bäuerliche Kleineigentum begünstigten, aber er postulierte zugleich unzweideutig die Auflösung allen bäuerlichen Eigentums und seine Konzentration in den "Händen des Volks" für die Phase des "Hinüberwachsens in den Sozialismus". Daß dabei mit einem erbitterten Widerstand der Bauern zu rechnen sei, war ein Grundbestandteil sowohl von Lenins als auch Trotzkis Revolutionsstrategie. In dieser Phase - so Lenin und Trotzki gleichermaßen - hänge der Erfolg der russischen Revolution ganz wesentlich davon ab, daß der revolutionäre Funke auf das westeuropäische Proletariat überspringe. Dann sei die russische Revolution auf Hilfe von außen angewiesen (vgl. hiezu z.B. Lenin, Die Revision des Agrarprogramms, 1906, in "Werke", Bd.10).

2. *Imperialismustheorie*

Lenins Imperialismustheorie von 1917 ("Der Imperialismus als höchstes Stadium des Kapitalismus") ist ein wichtiger Baustein seiner während des Krieges weiterentwickelten Revolutionsstrategie. In ihrem Zentrum stehen Thesen über den Zusammenhang zwischen dem Revolutionsprozeß in den entwickelten und unterentwickelten Ländern (zu denen auch

Rußland gehörte), die auf eine Revision von substantiellen Bestandteilen der Marxschen Lehre hinauslaufen.
Ich referiere kurz Lenins Grundgedanken: Lenin geht - in Anknüpfung an Theorien Hilferdings und Hobsons - davon aus, daß der Kapitalismus nunmehr in sein "höchstes" Stadium, den Imperialismus, eingetreten sei. In diesem Stadium aber - der Endphase der territorialen Aufteilung der Welt zwischen den hochentwickelten kapitalistischen Staaten - würden die "Widersprüche des Kapitalismus" eine neuartige Ausprägung bekommen, die revolutionsstrategische Konsequenzen hätte. Zwar sei unzweifelhaft, daß sich im Imperialismus die objektiven Bedingungen für die revolutionäre Überwindung des Kapitalismus insgesamt enorm verbessert hätten, aber man dürfe nicht davon ausgehen, daß die Initialzündung für den Revolutionsprozeß in den kapitalistischen Metropolen stattfinden werde. Denn in den hochentwickelten Ländern seien auch Tendenzen zur Reduktion des revolutionären Potentials beobachtbar. Zum Beispiel gelinge es durch staatliche Eingriffe in die Wirtschaftssphäre zunehmend, die Auswirkungen des kapitalistischen Krisenzyklus abzumildern. Noch wichtiger aber für die Ausbreitung reformistischen Denkens in der Arbeiterbewegung sei das Wachstum einer durch "imperialistische Extraprofite bestochenen Arbeiteraristokratie", einer Gruppe, die auch den "chauvinistischen Verrat" am Sozialismus zu Beginn des Krieges zu verschulden habe. Charakteristisch für den imperialistischen Kapitalismus sei die zunehmende Auslagerung seiner "Widersprüche" in die unterentwickelten Länder, in denen sich aus der Verbindung von steigender Ausbeutung, nationaler Unterdrükkung und den Ansprüchen revolutionärer Befreiungsbewegungen ein gewaltiger revolutionärer Sprengstoff ansammle. Nicht von den Zentren des kapitalistischen Gesamtsystems, sondern von seinen schwächsten Gliedern aus wird - so

Lenin - der weltrevolutionäre Transformationsprozeß seinen Ausgang nehmen.
Lenins Imperialismustheorie - eine frühe Vorformulierung der sowjetischen Strategie des "antiimperialistischen Kampfes" in der "Dritten Welt" - bot natürlich eine glänzende Rechtfertigung für eine Revolution mit sozialistischer Zielsetzung im unterentwickelten Rußland, sie beruht aber auf Annahmen, die geradezu auf eine "Verkehrung" Marxscher Grundgedanken über den Zusammenhang zwischen Kapitalismusentwicklung und Revolution hinauslaufen. Der Gedanke, daß mit zunehmender Entwicklungshöhe die Chancen einer *proletarischen* Revolution in den Metropolen immer mehr sinken, kommt der Revision eines Eckpfeilers von Marx' Theorie, auf der seine ganze Sozialismuskonzeption basiert, gleich, und diese Revision wird gewissermaßen noch untermauert von Lenins zweiter These über die Zunahme des revolutionären Potentials in den unterentwickelten Ländern: Wenn der Revolutionsgedanke nur noch auf "Unterentwicklung" bezogen wird und sich noch nicht einmal dabei als "proletarische" Revolution konkretisieren kann - auch für Lenin ist in den unterentwickelten Ländern "das Proletariat" weder Auslöser noch "führende Kraft" der Revolution -, dann hat das Revolutionsmodell von Marx als Fixpunkt revolutionärer Praxis ausgedient.

3. *Zwangsindustrialisierung*

Erst nach der Oktoberrevolution und dem russischen Bürgerkrieg konnte offen hervortreten, daß Lenins Revolutionstheorie auf eine "Umkehrung" des Zentrums der Marxschen Lehre hinauslief. Marx hatte die sozialistische Umwandlung als Endprodukt eines durch die industrielle Revolution in Gang gesetzten Entwicklungsprozesses der Produktivkräfte gedacht, während in Rußland die Industrialisierung über bescheidene Anfänge noch nicht hinausgekommen war. Was bei Marx Prämisse der sozialistischen Revolution gewesen war, mußte in Rußland von der sozialistischen Partei selbst geschaffen werden, und so wurde von Lenin zum *Ziel des Sozialismus* erhoben, was bei Marx als Voraussetzung desselben fungierte. Daß unter "Sozialismus" die Zwangsindustrialisierung durch die diktatorisch herrschende "Partei des Proletariats" zu verstehen sei, ist die zentrale "Verkehrung" des Marxismus durch den Leninismus, eine Verkehrung, die in Lenins Slogan "Kommunismus = Sowjetmacht + Elektrifizierung" auf den Punkt gebracht worden ist. Und diese Verkehrung schloß ein, daß der Kapitalismus, den Marx im Sozialismus "vollständig zu überwinden" trachtete, von Lenin auch zum *Vorbild* für den sozialistischen Aufbau erhoben wurde: "So lange in Deutschland die Revolution noch mit ihrer >Geburt< säumt, ist es unsere Aufgabe, vom Staatskapitalismus der Deutschen zu lernen, ihn mit aller Kraft zu übernehmen, keine *diktatorischen* Methoden zu scheuen, um diese Übernahme noch stärker zu beschleunigen, als Peter die Übernahme der westlichen Kultur durch das barbarische Rußland beschleunigte, ohne dabei vor barbarischen Methoden des Kampfes gegen die Barbarei zurückzuschrecken" (Lenin, Werke Bd. 27, 333). Mit Lenins "Umkehrung des Marxismus" waren die Weichen für eine terroristische Entwicklungsdiktatur gestellt, die in ihrer "planmäßigen" Zerstörung traditioneller Sozialstrukturen um des "planmäßigen" Aufbaus von Industrie und "Sozialismus" willen Vernichtungsdimensionen entfaltete, die historisch einmalig sind.

Literatur

L. Kolakowski, Die Hauptströmungen des Marxismus, Bd. II 1988.

W.I. Lenin, Werke. Hg. vom Institut für Marxismus-Leninismus beim ZK der SED. 40 Bde. Berlin 1961 ff.

R. Luxemburg, Spartakusbriefe. Hg. vom Institut für Marxismus-Leninismus beim ZK der SED, Berlin 1958.

Grundelemente des Sowjetkommunismus

Die Frage: "was war der Sowjetkommunismus"? läßt bei einem System, das über 70 Jahre bestand und sich nach militärischen Eroberungen in zahlreichen Varianten fortpflanzte, naturgemäß sehr verschiedene Antworten zu. Die Stagnations- und Niedergangsphase - die Breschnew- und Gorbatschow-Ära - vermittelt ein anderes Bild als die zweite Hälfte der dreißiger Jahre, als der "Hochstalinismus"; und wer der Ansicht ist, daß der "Stalinismus" eine atypische, durch die Psychopathologie eines Mannes bestimmte Periode war, wird den Sowjetkommunismus anders darstellen als derjenige, der den Stalinismus als ein keineswegs zufälliges, sondern gewissermaßen notwendiges Produkt der sowjetkommunistischen Entwicklung begreift. Man wird also, je nach den eigenen Prämissen und den Phasen, auf die man sich bezieht, sehr unterschiedliche Bilder des Sowjetkommunismus entwerfen können, und ähnliches gilt auch für die europäischen Varianten dieses Systems, etwa die DDR. Freilich: Es ist sehr wohl möglich, Elemente dieser Diktatur herauszuarbeiten, die immer konstitutiv waren; Elemente, die - trotz aller Wandlungen in ihrer inhaltlichen Ausprägung - doch einen gleichbleibenden Kern beibehielten, und deren Synthese zu einer Merkmalsstruktur sozusagen als das "Knochengerüst" des Sowjetkommunismus begriffen werden könnte. Ich will im folgenden versuchen, diese Grundmerkmale zu entwikkeln, wobei ich mich vor allem auf die leninistisch-stalinistische Phase des Sowjetkommunismus konzentrieren werde. Die Ausführungen sind am früher entfalteten Syndrom der "totalitären Diktatur" orientiert, so daß unsere Darstellung auch als Konkretisierung dieses Begriffs in Bezug auf den Sowjetkommunismus zu verstehen ist.

I. Das dreifache Machtmonopol der Partei und seine Legitimierung

Jeder Bestimmungsversuch des Sowjetkommunismus sollte *ein* Merkmal an die Spitze stellen, das *dreifache* Machtmonopol der Partei. Die Partei verfügt allein über alle politischen Zwangsmittel, in ihrer Hand sind die Produktionsmittel konzentriert, und da sie sich außerdem als Quelle aller Erkenntnis und Wahrheit begreift, definiert und kontrolliert sie auch die zirkulierenden Worte. Daß letzteres nur in der öffentlichen Sphäre ganz gelingen kann, ist evident, aber es gab Phasen, in denen diese Kontrolle bis in den Familien- und Freundeskreis reichte, in denen sich "Privatheit" tendenziell auf die Kommunikation des isolierten Einzelnen mit sich selbst reduziert hatte.

Unter den drei Machtmonopolen räume ich dem monopolistischen Verfügungsanspruch über die Wahrheit eine Vorrangstellung ein. Der Anspruch der Partei, einziges Organ "richtiger" Erkenntnis und "korrekter Anwendung" der "Gesetze gesellschaftlicher Entwicklung" zu sein, legitimierte frühzeitig die Ausschaltung aller Konkurrenten um die politische Macht und die Errichtung einer Erziehungsdiktatur, und er begründete auch die Inbesitznahme aller Produktionsmittel. Die Diktatur hatte nur so lange Bestand, so lange die Partei an ihrem Anspruch auf das Wahrheitsmonopol festhielt. Es waren nicht "Wahlen, sondern (es war) die Berufung auf die <Wissenschaftlichkeit> des Marxismus-Leninismus und die daraus deduzierbare gesellschaftliche Entwicklung und als empirischer Beleg die jahrzehntelange Darstellung der Parteibilanz als erfolgreiche Anwendung der sog. <objektiven Gesetzmäßigkeiten beim Aufbau des Sozialismus>, die als Legitimationsgrundlage für die uneingeschränkte Machtausübung der KPDSU dienten" (Ziemer 1990, 535).

Schöpfer der Grundstruktur der sowjetkommunistischen Partei und ihres irrwitzigen Legitimationsanspruchs war Lenin, und da die bolschewistische Partei Lenins die erste im vollgültigen Sinn totalitäre Partei dieses Jahrhunderts war und wir hier in fast klassischer Ausprägung das bereits bei Rousseau sich andeutende Prinzip der "heteronom legitimierten Demokratie" (Fraenkel...) finden können, empfiehlt es sich, einen Blick auf Lenins Parteiidee in ihrer Entstehungsphase zu werfen.[11]

Lenin hat seine Parteitheorie erstmals 1902 in "Was tun?" entwickelt, und zwar in einer polemischen Auseinandersetzung mit sog. "ökonomistischen" Strömungen in der russischen Sozialdemokratie. Lenins Attacken richteten sich hier gegen zwei Thesen der "Ökonomisten" - gegen die These der Vorrangstellung des Ökonomischen vor dem politischen Kampf und die These eines Primats der Arbeiterbewegung vor der "Partei" -, zwei Auffassungen, die deshalb grundfalsch seien, weil sie völlig die entscheidende Rolle der *Theorie* für die revolutionäre Bewegung des Proletariats übersähen. Wer "die Partei" lediglich als Organ der Arbeiterbewegung, als ihr Sprachrohr, betrachte, habe nicht nur nicht begriffen, daß die Arbeiterbewegung aus sich heraus keine angemessene revolutionäre Strategie entwickeln könne, sondern er sei auch zu der noch tiefer gehenden Einsicht nicht vorgedrungen, daß die Arbeiterbewegung kraft eigener Erfahrungen die Schranken *bürgerlichen Bewußtseins* nie überschreiten könne. Lenin behauptet: "Kann von einer selbständigen, von den Arbeitermassen im Verlauf ihrer Bewegung selbst ausgearbeiteten Theorie keine Rede sein, so kann die Frage nur *so* stehen: bürgerliche oder sozialistische Ideologie. Ein

---

[11] Ich wiederhole im folgenden einige Passagen aus dem Lenin-Aufsatz. Sie können von Lesern, die diesen bereits rezipiert haben, übersprungen werden.

Mittelding gibt es hier nicht, denn eine <dritte> Ideologie hat die Menschheit nicht geschaffen, wie es überhaupt in einer Gesellschaft, die von Klassengegensätzen zerfleischt wird, niemals eine außerhalb der Klassen oder über den Klassen stehende Ideologie geben kann... Aber die *spontane* Entwicklung der Arbeiterbewegung führt eben zu ihrer Unterordnung unter die bürgerliche Ideologie..." (Lenin, Werke, Bd.5, 395f.) Dies Zitat ist eine Schlüsselstelle für das Verständnis von Lenins Parteikonzeption, und es enthält die paradoxe Behauptung, daß die Arbeiterbewegung, sich selbst überlassen, eine "bürgerliche" - gewissermaßen sich selbst feindliche - Bewegung sei, was einschließt, daß auch eine als deren Sprachrohr auftretende Partei die magische Schwelle zum "Proletarischen" nicht überschreiten könne, was auch immer ihr Selbstverständnis und ihre soziale Zusammensetzung sei. Im wahrhaften Sinn "proletarisch" ist keineswegs das empirische Proletariat, sondern einzig *die* Partei, die um die historische Mission des Proletariats - wie sie die marxistische Theorie vorsieht - weiß und in diesem Sinne das Proletariat zu führen versteht; und nur insofern das Proletariat von dieser Partei geführt *wird, wird* es zum "wirklichen" Proletariat. Und für den "proletarischen" Charakter der Partei spielt es letztlich keine Rolle, ob sich diese vornehmlich aus Arbeitern zusammensetzt, wesentlich ist vielmehr ein Bekenntnisakt - das Bekenntnis zur marxistischen Theorie des Proletariats; und es ist dieses Bekenntnis, durch das die Klassenherkunft sozusagen ausgelöscht wird und das wahre Klassenbewußtsein entsteht. Halten wir fest: Bei Lenin liegt eine Gleichsetzung zwischen "proletarischem" Bewußtsein und marxistischer Theorie zugrunde und zugleich die These, daß das Proletariat alleine nie zu "seinem" Bewußtsein kommen kann. Dieses verkörpert sich einzig in der Partei, ist "Parteibewußtsein", und für den "proletarischen" Charakter desselben ist es prinzipiell gleichgültig, wie sich die Arbeiterbewegung zu "ihrer" Partei verhält. Nur die Partei weiß, was im historischen Interesse des Proletariats liegt, und nur sie, als einzige Kennerin der "Gesetze der gesellschaftlichen Entwicklung" vermag zu bestimmen, wie jeweils das "wahre" Bewußtsein des Proletariats, das von seinem empirischen nie erreicht werden kann, "objektiv" beschaffen ist.

Der gemeinhin benutzte Begriff "Avantgarde-Partei" kann die hochgetriebene metaphysische Komponente der Leninschen Parteitheorie nur unzureichend charakterisieren. Die Auffassung der Kommunisten als "Avantgarde" ist bereits im "Kommunistischen Manifest" vorgebildet, und es entsprach auch in der zweiten sozialistischen Internationale einer weitverbreiteten Überzeugung, daß das Proletariat "von außen" angeleitet und geschult werden müsse, aber diese weitverbreiteten Ideen sind bei Lenin noch einmal enorm zugespitzt, und eben diese Zuspitzung bezeichnet die Besonderheit des Leninismus. Nun sollte man aber nicht übersehen, daß Lenins Zuspitzung nicht der Konsequenz entbehrt, und daß sie tatsächlich als *eine* legitime Weiterentwicklung Marxscher Prämissen begriffen werden kann. Denn wer Marx' Auffassung teilt, in seinem Werk finde sich die einzig richtige Erklärung der Situation des Proletariats und seiner Ziele und diese sei zugleich ein Schlüssel zur Erkenntnis auch der zukünftigen Entwicklungsgeschichte der Menschheit, und wer darüber hinaus konzediert, daß das Verständnis dieser Theorie wegen ihres "wissenschaftlichen" Charakters nur einer "Elite", nicht aber gewöhnlichen Arbeitern möglich sei, dem können die Konsequenzen Lenins als durchaus schlüssig erscheinen. Man kann somit die Entwicklung von Marx zu Lenin formelhaft folgendermaßen zusammenfassen: Marx' metaphysische Konzeption des Proletariats (das Proletariat als Hebel und Vollstrecker des Übergangs von der "menschlichen Vorgeschichte" zum Sozialismus als Sinn und Zweck der Geschichte) ist bei Lenin zu einer metaphysischen Auffassung der "Partei des Proletariats" verwandelt und zugespitzt worden, zur Auffassung, ihr - "der Partei" -, sei kraft ihres Wahrheitsmonopols der *Vollzug* der historischen Mission des Proletariats zu übertragen. Natürlich liegt es auf der Hand, daß Lenins Parteiideologie - die Partei als Monopolistin der "Wahrheit" des Proletariats - von Anfang an eine euphemistische Ausdrucksweise für das beanspruchte Wahrheitsmonopol der Partei*führung* - und schließlich ihres einzigen *Führers* - war, daß sie also die Existenz eines Wahrheits*gefälles* auch in "der Partei" in sich einschloß, die unteren Parteiränge nur dann am Exklusivanspruch der Partei teilhaben ließ, wenn sie ihre Übereinstimmung mit der von oben dekretierten Wahrheit handelnd und redend unter Beweis stellten. Damit aber springt sofort eine sehr weitgehende Parallele der kommunistischen Partei mit der katholischen Kirche ins Auge, und wir können diese Parallele unschwer mit Max Webers Begriff des "Amtscharisma" präzisieren. Der Hierarchie der Ämter in der katholischen Kirche entspricht in gewisser Weise eine Abstufung des Heiligen: Je höher das Amt, desto höher ist der Rang des Heiligen, der es umgibt, und im Amt des Papstes erlangt es seine höchste Ausprägung. Wie immer der Mensch als Person auch beschaffen sein mag, er wird, die Hierarchie der Ämter aufsteigend, zu einem Träger derjenigen außeralltäglichen Eigenschaften, die sozusagen dem Amt "anhaften". Und dem höchsten Amt eignet das "unfehlbare" Definitionsmonopol über das Heilige. Ähnlich in der KPdSU: Je höher das Amt, desto übermenschlicher die Fähigkeiten, die es seinem Inhaber verlieh. Und der Besitz des Spitzenamtes - des Amtes des Generalsekretärs - verlieh seinem Funktionär das Monopol auf die einzig "wahre" Interpretation und Anwendung der "heiligen Quelle" - des Marxismus-Leninismus. Ins Irrwitzige gesteigert wurde dieses charismatische Prinzip im "Stalinismus", mit der Vergottung des Führers der Partei, der Behauptung seiner völligen Unfehlbarkeit, der Gleichsetzung von "Marxismus" mit den Worten des "Genossen Stalin", des "Vaters der Sowjetunion" und des "Führers des Weltproletariats". Freilich wollen wir hier noch einmal betonen, daß wir *diesen* Wahnsinn als eine Konsequenz der charismatischen Fundierung der Leninschen Parteiideologie betrachten: Der wahrheits- und heilsspendende Charakter des Marxismus war die Grundprämisse der Leninschen Parteikonzeption, und diese Grundprämisse wurde von ihm zur These weitergetrieben, daß nur einer kleinen Elite - der Parteispitze - die richtige Erkenntnis dieser Lehre möglich sei. Lenins These vom Erkenntnismonopol der Partei hatte zur Konsequenz, daß sich das Charisma einer Lehre in den obersten Parteigremien institutionell kristallisierte. Als sich nun aus diesen Gremien die despotische Stellung einer Person herausbildete, ging das gesamte Charisma der Lehre und der Institution auf diese *Person* über, wodurch dessen Worte innerhalb der kommunistischen Bewegung unfehlbar wurden.

Zusammenfassend: Die KPdSU beanspruchte, im Besitz eines exzeptionellen soziologischen Wissens zu sein, das ihr die Fähigkeit verleiht, den gesetzmäßigen Gang der Geschichte vorauszusehen und in Übereinstimmung mit der historischen Notwendigkeit zu planen, und es war dieses, bis zu Gorbatschow noch keineswegs nachhaltig erschütterte charismatische Legitimationsprinzip, auf dem das Monopol der politischen und ökonomischen Macht der Partei beruhte.

Mit einer gewissen Zuspitzung, in der sich allerdings mehr als nur *ein* Körnchen Wahrheit befindet, läßt sich nun behaupten, daß Gorbatschows vorsichtige Revision des einen kurzen Satzes - "die Partei hat immer recht" -

eines der mächtigsten Herrschaftssysteme, die es jemals gegeben hat, wie ein Kartenhaus hat zusammenbrechen lassen. Dadurch, daß der neue Generalsekretär sagte: *Die Partei kann auch irren, und sie braucht deswegen als Korrektiv für ihre Entscheidungen einen gewissen Meinungspluralismus, sie ist auf das Recht der Bürger zur Kritik angewiesen*, dadurch entwickelte sich eine Eigendynamik, die das gesamte Machtsystem innerhalb kürzester Zeit an den Rand des Zusammenbruchs bringen mußte. Diese Eigendynamik böte übrigens eine treffende Illustration dessen, was Max Weber als "Paradoxie der Folgen" von Entscheidungen bezeichnet hat. Gorbatschows Liberalisierunspolitik verfolgte ursprünglich nur die Herstellung eines "sozialistischen Pluralismus", d.h. das Recht zu einer gewissen Meinungsfreiheit sollte die institutionelle Ordnung des Einparteiensystems keineswegs schwächen, es sollte sie vielmehr stärken. Die Bevölkerung sollte aktiviert und mobilisiert werden, wobei man hoffte, durch die Förderung von Eigeninitiative die wirtschaftliche Effizienz zu stärken und den mittlerweile in ritualistischen Formeln erstarrten Glauben an die sozialistische Ideologie wiederzubeleben. Das Gegenteil freilich trat ein: Mit einer im Nachhinein fast als logisch zu bezeichnenden Konsequenz entwickelte sich aus dem Meinungspluralismus in ständig wachsendem Tempo eine Radikalkritik, die dem Machtmonopol der Partei auch nicht mehr den Hauch einer Legitimierung ließ. War es zunächst nur Stalin, der böse Wille eines einzelnen, der für die Fehlentwicklungen verantwortlich gemacht wurde, so bezog die Kritik doch sehr bald Lenin, den Schöpfer der Partei und des sowjetkommunistischen Systems ein - ein deshalb so prekärer Sachverhalt, weil Gorbatschow ursprünglich seine Reformpolitik durch eine - übrigens unrichtige - Berufung auf Lenin initiiert hatte. War mit der Einbeziehung Lenins in den Kreis der Verursacher der Übel des

Systems bereits die Legitimationsbasis der Partei rapide zusammengeschrumpft, so wurde ihr das letzte Legitimationsquentchen durch den logisch nächsten Schritt in der öffentlichen kritischen Diskussion weggezogen: Nunmehr wurden die Grundideen des Marxismus selbst für die verheerende Entwicklung in der Sowjetunion verantwortlich gemacht. Damit aber existierte nichts mehr, was einen Führungsanspruch der KPdSU hätte legitimieren können.

II. Die Entwicklung und Rückbildung despotischer Herrschaft

Wir betonten zwar in unseren vorherigen Ausführungen, daß als Grundcharakteristikum des sowjetkommunistischen Systems das dreifache Machtmonopol der Partei begriffen werden sollte, aber es klang zugleich in manchen Passagen auch durch, daß diese Aussage einer bedeutsamen Einschränkung bedürfe: Schon frühzeitig begann die Transformation der Einparteiendiktatur in eine despotische *Ein-Mann-Herrschaft*, und im Zuge der sogenannten "großen Säuberung" 1937/38 wurde die alte bolschewistische Partei in einer "in der Geschichte einmaligen Blutfeier" (Kolakowski 1988, Bd.III, 97) liquidiert. Die "stalinistische" Periode der Sowjetunion zeichnete sich gerade dadurch aus, daß alle Loyalität der Bürger und Parteimitglieder von ihrer Fixierung auf "die Partei" abgezogen und ausschließlich auf eine Person - Stalin - konzentriert wurde.

Die Frage liegt nahe, ob die Transformation der sowtjetkommunistischen Einparteiendiktatur in eine despotische Ein-Mann-Herrschaft eher als Ergebnis eines "zufälligen" Zusammentreffens "unglücklicher" Umstände oder als Produkt der Ausbildung eines ihr von Anfang an inhärenten Potentials verstanden werden sollte. Für die Annahme, daß die kommunistische Diktaturform eigendynamische Mechanismen zur Ausbildung des despotischer Herrschaftsverhältnisse in sich birgt, sprechen eine Reihe von Überlegungen und Beobachtungen. Bekannt geworden sind z.B. die - auf ganz einfachen Überlegungen beruhenden - frühen Prognosen Trotzkis von 1904,[13] und man sollte sich auch den Umstand

[13] Trotzki veröffentlichte 1904 in Genf eine Broschüre mit dem Titel"Unsere politischen Aufgaben", in der er u.a. das Leninsche Parteimodell attackierte. Er behauptete, Lenin verachte das Volk und die Arbeiterklasse, er wolle die Partei an

vor Augen halten, daß in China, aber auch in der dem Kommunismus verwandten Dikaturform der Baath-Partei im Irak vergleichbare Herausbildungen eines "stalinistischen" Despotismus entstanden sind. In beiden Fällen kam es zu blutigen Parteisäuberungen großen Stils, in denen alte Parteistrukturen und -loyalitäten zerschlagen und in ein bedingungsloses Gehorsamsverhältnis gegenüber einem vergotteten Despoten umgewandelt wurden.
Eine der Hauptursachen für die Ausbildung der Stalinschen Despotie scheint mir eine im sowjetkommunistischen System von Anfang an angelegte Dynamik zur Herstellung einer "perfekten Einheit" (vgl. Kolakowski 1977) zu sein, ein selbstläufiger, sich auf immer höherer Ebene reproduzierender Prozeß der Herstellung einer völligen Identität zwischen dem Willen der Herrschenden und Beherrschten. Natürlich prägt ein derartiger Mechanismus die Entwicklung jeder Diktatur, er muß aber im Kommunismus deshalb besonders stark sein, weil nur die kommunistische Diktaturform qua vorgegebener Ideologie (Abschaffung des Privateigentums an den Produktionsmitteln) die vollständige Einebnung ökonomischer Eigenmacht der Bürger intendiert. Ich beschränke mich auf einige Hinweise zur Illustration dieses Mechanismus: Die erste Phase (nach der Revolution und dem Bürgerkrieg) ist bestimmt durch die völlige Monopolisierung der *politischen* Macht durch die Partei - gewalttätige Ausschaltung aller nicht-bolschewistischen politischen Organisationen, Abschaffung aller Formen repräsentativer Demokratie. Damit aber konnten sich - wie in jeder Diktatur - die vielen und ganz neuartigen gesellschaftlichen Konflikte nur noch parteiintern reflektieren, mußten sich zu Auseinandersetzungen und verschie-

---

die Stelle des Proletariats setzen und das müsse zur Konsequenz haben, daß im Laufe der Zeit das Zentralkomitee an die Stelle der Partei treten werde, und am Ende werde ein Diktator sich an die Stelle des Zentralkomitees setzen.

denen politischen Strömungen in der Partei umformen. Lenins Gegenmaßnahmen ab 1920 (Fraktionsverbot, Unterdrückung innerparteilicher Opposition) sind bekannt, und sie führten dazu, daß die Ausschaltung politischer Eigenständigkeit in der Gesellschaft sich fortentwickelte zu einer Diktatur der von Lenin geführten Partei*spitze* über die Partei.

Ab 1922 begann Stalin, der neue Generalsekretär, die ihm als Organisator der Parteimaschine zur Verfügung stehenden Machtpotentiale beständig zum Ausbau seiner innerparteilichen Machtstellung zu nutzen. Freilich gab es in der Parteispitze noch sehr eigenständige ideologische Positionen, wie in den vielen Kontroversen vor der nächsten Etappe auf dem Weg zur perfekten Einheit - der Zwangskollektivierung der Landwirtschaft und der Industrialisierung - deutlich wurde. Erst mit dem Generalangriff auf den bisherigen sozialen Unterbau der Gesellschaft, die Bauernschaft, und mit der totalen Mobilisierung der Gesellschaft für die forcierte Industrialisierung hatte die Partei die Gesellschaft vollständig in den Griff bekommen, die *politische* Diktatur war durch die völlige Zwangsintegration aller Gesellschaftsbereiche komplettiert worden. Stalin hatte diesen Prozeß vorangetrieben, und dabei hatte seine Machtposition bereits die Umrisse einer despotischen Führerstellung, die einen entsprechenden Führerkult nach sich zog, angenommen. Kräfte für eine wirksame Opposition gab es nun auch in der Parteispitze nicht mehr, aber es gab hier fraglos noch die Kraft zu eigenständigem ideologischen Denken, was sich ja in den der Zwangskollektivierung vorausgehenden Debatten gezeigt hatte. Potentiale für eine zukünftige Opposition existierten also fort, und es war keineswegs ausgeschlossen, daß diese parteiintern und gesellschaftlich wirksam werden könnten, wenn es ihnen gelingen würde, die vielfältigen Probleme, die bei der planwirt-

schaftlichen Industrialisierung entstanden waren, kritisch gegen Stalin ins Feld zu führen. Erst die "große Säuberung" 1937/38 machte dieser möglichen Gefährdung der Stellung Stalins ein Ende. In einem beispiellosen Terrorexzeß wurden alle Altbolschewiki in sämtlichen Machtzentren und unzählige einfache Parteimitglieder ermordet, wurde die Gesellschaft in den Strudel totalen Terrors gestürzt. Aber damit war die perfekte Einheit verwirklicht: Jeder Bürger und jedes Parteimitglied - bis hin zur Spitze - war zu einem atomisierten, völlig auf den "Willen" des Despoten ausgerichteten Teilchen geworden.
Eine eindeutige Rückbildung des Despotismus fand in der sowjetkommunistischen Entwicklung erst ab Mitte der 50er Jahre - in der Ära der "Entstalinisierung" - statt, und erst für diese Phase wird der Begriff der Ein-*Partei*-Diktatur wieder voll zutreffend. Als Grundmerkmale der Machtstruktur dieser Phase können gelten (vgl. etwa Konrad, 1979): Aufteilung der Herrschaftsbefugnisse an der Spitze in einem Kollektiv, in das auch die herausragende Position des Generalsekretärs, der zwar überall gefeiert, aber nicht mehr vergottet wird, eingebunden ist; Reduktion des Terrors durch stärkere Kontrolle und Verrechtlichung polizeilichen Handelns; und die Entpolitisierung des Alltags- und Privatlebens mit der Konsequenz, daß sich privates und öffentliches Leben in unüberbrückbar voneinander geschiedene Bereiche trennt.

III. "Planwirtschaft"

Als eines der Grundmerkmale von "totalitären" Diktaturen wird gemeinhin die weitgehende Durchdringung gesellschaftlicher Lebensbereiche durch Kontrollorgane der Partei, die Einebnung der für demokratische Ordnungen konstitutiven Differenz zwischen politischer und gesellschaftlicher Sphäre verstanden, es wird dabei aber oft übersehen, daß die kommunistischen Systeme sich in dieser Hinsicht nicht nur graduell, sondern qualitativ vom faschistischen Diktaturtypus unterscheiden. Denn im Kommunismus ist das Machtpotential der herrschenden Gruppe durch ihre monopolistische Verfügung über die Produktionsmittel im Vergleich zum Faschismus noch einmal multipliziert, und diese exzeptionelle und historisch einzigartige Machtmonopolisierung läßt fragwürdig erscheinen, ob man Kommunismus und Nationalsozialismus einem gemeinsamen Herrschaftstypus der "totalitären Diktatur" unterordnen kann, wenn man - wie zumeist - "totalitäre Diktatur" hauptsächlich über das Totalitätskriterium der Machtausübung zu definieren versucht: Eine annähernd "totale" Machtausübung der Herrschenden über die Gesellschaft hat den Besitz der Produktionsmittel zur Voraussetzung. Freilich: Die exorbitante Machtfülle "der Partei" im Kommunismus war zugleich eine der entscheidenden Schwächen dieses Systems, die schließlich zu seinem Scheitern führen mußte. Denn die "Planwirtschaft" hat nie funktioniert, sie mußte das System im "Wettkampf der Systeme" in den Selbstruin führen, und so ergibt sich, daß gerade die "Totalität" des Machtmonopols der Partei zur wichtigsten Ursache für ihren gänzlichen Machtverlust wurde.

Im folgenden sollen einige Grundprinzipien und -probleme der "Planwirtschaft" skizziert werden.

Die Einführung einer zentral geplanten Wirtschaft war von Anfang an ein Kernelement der kommunistischen Bewegung. Von Marx bis Honecker gründete der Anspruch der Überlegenheit des Sozialismus über den Kapitalismus auf der Überzeugung, die "kapitalistische Anarchie des Marktes" samt ihren Auswirkungen (Arbeitslosigkeit, Armut, Klassenspaltung etc.) könne nur durch eine "Planwirtschaft", die die Aufhebung marktvermittelter Lohnarbeit und die Verstaatlichung der Produktionsmittel voraussetze, überwunden werden. Durch die Ausrichtung des ökonomischen Systems an einem zentralen Plan würde eine proportionale Entwicklung der volkswirtschaftlichen Einzelsektoren in Relation zu den "wirklichen" Bedürfnissen der Gesellschaft gewährleistet und zugleich soziale Gerechtigkeit verwirklicht. Nun haben freilich die Planwirtschaften im Sinne dieses hehren Anspruchs nie funktioniert, sie waren nicht nur unproduktiver und chaotischer als die Marktwirtschaft, sondern auch viel ungerechter. Ihre Ungerechtigkeit zeigte sich nicht nur in der ungleichen materiellen Ausstattung der einfachen Gesellschaftsmitglieder und der Parteibürokratie, sondern - was viel wichtiger ist - in der massiven Anwendung von Zwang und Gewalt in bestimmten Phasen des kommunistischen Systems. Fragt man sich nach den Gründen für das Desaster der Planwirtschaften, dann stößt man immer wieder auf zwei einfache Ursachen: 1. mangelnde Leistungsmotivation der Arbeitenden und 2. organisatorisches Chaos, resultierend aus der grundsätzlichen Unmöglichkeit, eine ganze Volkswirtschaft im Hinblick auf zukünftige gesellschaftliche und staatliche Bedürfnisse rechnerisch durchzuplanen. Einige Bemerkungen sollen dies veranschaulichen.

1. In den kommunistischen Planwirtschaften wurden mit der Abschaffung des Arbeitsmarktes auch individuell zugemessene Lohn-Leistungsrelationen weitgehend eingeebnet. Es gab - verglichen mit Marktwirtschaften - keine ausgeprägten Lohndifferenzen. Natürlich wurde auch die Möglichkeit der freien Berufswahl deutlich eingeschränkt. Das "Recht" des sozialistischen Staates hierzu haben Lenin und Trotzki frühzeitig hervorgehoben. So heißt es etwa bei Trotzki: "Einen anderen Weg zum Sozialismus außer der gebieterischen Verfügung über die Wirtschaftskräfte und -mittel des Landes, außer einer zentralisierten Verteilung der

Arbeitskräfte in Abhängigkeit vom gesellschaftlichen Plan kann es für uns nicht geben. Der Arbeiterstaat hält sich für berechtigt, jeden Arbeiter auf den Platz zu stellen, wo seine Arbeit notwendig ist." (Trotzki 1921, 117f.). Für das Grundproblem aller Planwirtschaften - die mangelnde Leistungsmotivation - war auch das Verbot unabhängiger Gewerkschaften mitverantwortlich. Hören wir noch einmal Trotzki, der dankenswerterweise die Grundfunktion der Gewerkschaften im Sozialismus frühzeitig treffend charakterisiert hat: "Der...sozialistische Staat braucht die Gewerkschaften nicht zum Kampf um bessere Arbeitsbedingungen - das ist die Aufgabe der gesamten gesellschaftlichen und staatlichen Organisation -, sondern um die Arbeiterklasse zu Produktionszwecken zu organisieren, zu erziehen, zu disziplinieren, zu verteilen, zu gruppieren, die einzelnen Gruppen und die einzelnen Arbeiter für bestimmte Zeit an ihre Posten festzulegen..." (Trotzki ebd., 118).

Wenn wir nun fragen, welche Möglichkeiten zur Leistungsmotivierung ein System hat, das individuelle Lohn-Leistungsbemessungen einebnet, das die Berufszuweisung weitgehend verstaatlicht und Gewerkschaften primär als Disziplinierungsinstrumente der Arbeitenden einsetzt, dann können wir leicht antworten: In einem derartigen System müssen ideologische Stimulierungsversuche und Zwang bestimmend sein. Nun verbraucht sich ideologische Begeisterung, zu deren Erzeugung in bestimmten Phasen des sowjetkommunistischen Systems eine alle Fasern des Lebens durchdringende Massenpropaganda diente, naturgemäß schnell, denn der fiktionale Charakter der Propagandaformeln kann nicht verborgen bleiben. Die Propaganda unterstellt eine Harmonie zwischen Einzel- und Gesamtinteresse, aber es ist illusionär zu erwarten, die "Werktätigen würden ständig nach maximalen Produktionssteigerungen streben zugunsten einer Fiktion, die mit

'Gesellschaft' umschrieben, aber vom einzelnen Arbeiter meist als ein ihm fernstehendes Planbürokratenkartell begriffen wird. Außerdem hat der einzelne Arbeiter überhaupt keine Garantie dafür, daß er auch bei beständiger Bestleistung einen angemessenen Teil von der Gesellschaft zurückerhält; denn nach dem Gleichheitspostulat des Sozialismus sollen ja die Produktivitätssteigerungen letztlich allen Mitgliedern zugute kommen" (Peters 1990). So kommt es zwangsläufig zum Abfallen der Leistungsmotivation, zur Arbeitszurückhaltung, Schlamperei, getürkten Statistiken usw., und derartige Verhaltensstrategien müssen den einzelnen als durchaus "rational" erscheinen. Typische Gegenstrategien des Staates auf diese systembedingten Mängel sind Maßnahmen, die gesamtwirtschaftlich langfristig die Ineffizienz der Planwirtschaften noch erhöhen und so einen circulus vitiosus wachsender Unproduktivität erzeugen. Eine dieser Gegenstrategien ist die Erhöhung des Kontrollpotentials in den Betrieben, der Aufbau neuer bürokratischer Apparate, die freilich nach einiger Zeit selbst in die Kreisläufe betrieblicher Schlamperei hineinwachsen und dann ihrerseits wieder kontrolliert werden müssen, wodurch es zur Überbürokratisierung, zum beständigen Wachstum eines Heeres unproduktiver Arbeitskräfte kommt.

Eine weitere Gegenstrategie ist die Anwendung von Zwangsmaßnahmen, was in der stalinistischen Ära zu massiven Gewaltpraktiken führte. Systembedingte ökonomische Probleme wurden hier vornehmlich als Folgen von "Sabotage" und "Verrat" gedeutet, und die "Schuldigen" mußten mit der Einlieferung in den Gulag rechnen.

In der poststalinistischen Phase ging die Anwendung von Gewaltmaßnahmen zurück, aber auch die nunmehr differenzierter werdenden positiven Anreize konnten die Effizienz der Planwirtschaften keineswegs nachhaltig erhöhen. Peters demonstriert dies an den gängigsten betrieblichen

Handlungsmustern: "Erfüllt der Betrieb sein Plansoll nicht, drohen den Verantwortlichen Maßregelung, Versetzung und schlechtere Posten bzw. Arbeitsplätze, Aufstiegssperre und Einkommensschmälerungen. Wird das Plansoll erfüllt oder gar übertroffen, gibt es Lob, Orden, Titel (z.B. "Verdienter Arbeiter", "Bestarbeiter", "Held der Arbeit") und ggf. Prämien, und es verbessern sich eventuell die Aufstiegschancen. Alle Betriebsangehörigen vom Handlanger bis zum Genossen Direktor sind deshalb aus Eigeninteresse darauf bedacht, ein möglichst leicht erfüllbares Plansoll bzw. eine möglichst niedrige Norm zu erhalten. Dieses hat zur Folge, daß fast jeder volkseigene Betrieb nach einem 'weichen Plan' strebt. Er wird alles daran setzen, seine wirklichen Leistungsreserven gegenüber den vorgesetzten Planbehörden und Entscheidungsbefugten für die Normfestsetzung zu verschleiern. Die Betriebsleitungen streben meist Produktionsergebnisse an, die das vorgeschriebene Plansoll etwas (also nicht zu weit) übertreffen, um sich und der Belegschaft eine Prämie zu sichern. Jede andere Strategie liegt nicht im Eigeninteresse der Betriebe; denn glänzt das Betriebskollektiv mit einer außergewöhnlich großen Übererfüllung des Plansolls, so muß es mit einer höheren Planauflage und einer heraufgesetzten Norm in der nächsten Planperiode rechnen. Auch an Innovationen, welche die Leistungsfähigkeit erheblich erhöhen, sind die Betriebe wegen der eventuell damit verbundenen Heraufsetzung des Plansolls kaum interessiert. Manche volkseigenen Betriebe klammern sich deshalb an eingefahrene Produktionstechniken" (Peters 1990).

Derartige betriebliche Handlungsstrategien sind die notwendige Folge des Grundproblems der "Planwirtschaft": des unzureichenden Rückkoppelungsmechanismus zwischen Betrieben und Produzenten. Rückkoppelungen zwischen Produzenten und Konsumenten sind hier nicht - wie in einer Markwirtschaft - durch Angebot und Nachfrage ermittelt, sondern durch die Vorgaben und Interventionen der staatlichen Verwaltung, die freilich den Betriebsleitern noch immer genügend Spielraum lassen, um bestimmte Eigeninteressen zu verfolgen. Zu welchen gesamtwirtschaftlichen Irrationalitäten durchaus "rationale" einzelbetriebliche Handlungsmuster führen, hat Siegel an einem Beispiel verdeutlicht (vgl. Siegel 1992, 42ff.): Da die Produktionsziele für die einzelnen Betriebe in den Wirtschaftsplänen in der Regel in physischen Mengen angegeben werden, bleibt den einzelnen Branchenfunktionären und Betriebsleitern ein gewisser Spielraum, um sich auf Kosten der Konsumenten zu profilieren und so auf der Karriereleiter aufzusteigen. Dies läßt sich anhand des folgenden Gedankenspiels verdeutlichen: Ein in Tonnen formuliertes Produktionssoll für eine gegebene Produktkategorie läßt sich auch dadurch "erfüllen" oder gar "übererfüllen", daß man bei der Produktion von Deckenlampen die zugeteilten Ressourcen so verwendet, daß man z.B. statt 1000 Stück Lampen mit einem Einzelgewicht von 4 Kilogramm nur 500 Stück Lampen mit einem Einzelgewicht von 8 Kilogramm produziert. Dadurch wird zwar das in Tonnen vorgeschriebene Produktionssoll von Deckenlampen erreicht; nun wird aber nicht nur eine niedrigere Stückzahl produziert als möglich gewesen wäre, sondern die Deckenlampen sind nun derart schwer, daß sie - nachdem sie in Gebrauch genommen werden - nach kurzer Zeit von der Decke fallen. Allgemein formuliert: Ein vorgegebenes Produktionssoll läßt sich - zumindest in einem gewissen Grad - stets auch dadurch "erfüllen" oder sogar "übererfüllen", daß man die Produktion physisch schwererer Produkte soweit wie möglich zu ungunsten leichterer Produkte bevorzugt und die Produktion von Produkten mit hohen Verrechnungspreisen zu ungunsten von Produkten mit niedrigen Verrechnungspreisen - und zwar prinzipiell ohne Rücksicht darauf, inwieweit dies den Gebrauchswert des Produzierten für die Endverbraucher verringert. Nimmt man an, daß Betriebsleiter und andere Wirtschaftsfunktionäre *auch solche* Strategien verfolgen, um "Karriere machen" zu können, dann ergibt sich daraus gleichsam automatisch eine Tendenz zu "künstlichen" Wirtschaftsstatistiken, weil in die offiziellen Bilanzen zu einem großen, prinzipiell unkontrollierbaren Teil Produkte mangelhafter Qualität eingehen. Da die planende Zentrale die zu produzierenden Güter kaum in allen ihren konkreten Aspekten vorschreiben, geschweige denn die korrekte Umsetzung solcher Vorgaben in den einzelnen Betrieben wirksam kontrollieren kann, bleibt den Wirtschaftsfunktionären also stets ein gewisser Spielraum, um die Vorgaben der zentralen Plankommission auf eine besondere Art zu "erfüllen".

2. Die bisher skizzierten Aspekte erfassen nur einen Teil der typischen systemimmanenten Probleme der Planwirtschaft. Es wurde noch garnicht angesprochen, wie illusionär bereits der Grundanspruch des Sozialismus ist, eine moderne Volkswirtschaft auf Jahre hinaus rechnerisch exakt zu "planen". Das Ergebnis derartiger Versuche *muß* im Chaos enden, da es garnicht möglich ist, die Güterbedürfnisse von Millionen Menschen auf Jahre im voraus zu erkennen und rechnerisch exakt festzulegen. So gelangen bereits bei der Planaufstellung infolge unlösbarer Prognose-Probleme Unwägbarkeiten und Widersprüche in das Plangeflecht, die oft durch den Ressortegoismus der Ministerien und die Partialinteressen anderer Planungsgremien noch verstärkt werden. Erfahrungsgemäß verwandelt sich der meist von Beginn an schon unausgewogene Volkswirtschaftsplan dann in der Praxis der Plandurchführung infolge chronischer Fehlplanungen mit Engpaßfolgen, auftretenden Lieferschwierigkeiten, unvorhersehbaren Mißernten, plötzlichen technologischen Problemen sowie den ständigen Koordinierungsproblemen in ein weitgehend wi-

derspruchsvolles Planwirrwarr, das nur noch durch planlose Improvisation auf allen Planebenen und Produktionsstufen vor einem völligen Chaos bewahrt wird.

IV. Die Ideologie - Marxistische und unmarxistische Grundmotive im frühen Marxismus-Leninismus

Natürlich hat die Ideologie des Sowjetkommunismus in der 70jährigen Geschichte dieses Systems viele Wandlungen erfahren, aber es gab doch einige Grundmotive, die unantastbar waren. Dies waren simplifizierte und vereinseitigte Fassungen Marxscher Gedankenfiguren, die mit Elementen Leninscher Ideologie verknüpft wurden, einer Ideologie, die einerseits als legitime Fortführung Marxscher Gedanken begriffen werden kann, andererseits aber auch gänzlich "unmarxistische" Muster enthält.
Ich versuche zunächst eine knappe Skizze von bei Marx vorgebildeten Grundmotiven der sowjetkommunistischen Ideologie.

In Marx' Werk findet sich oftmals der Anspruch angedeutet, die Gesamtheit des bisherigen Geschichtsverlaufs als eine Entwicklung notwendig aufeinander aufbauender Gesellschaftsformationen "wissenschaftlich" entschlüsselt zu haben. Von einer "Urgesellschaft" zur Sklavenhaltergesellschaft, von dieser zum Feudalismus, und vom Feudalismus zum Kapitalismus habe sich die menschliche Gesellschaft auf der Basis auseinander zwangsläufig hervorgehender Stufen unterschiedlicher Produktionsverhältnisse entfaltet - ein Evolutionsschema, das in einer auf wenige Formeln simplifizierten Fassung dann insbesondere in der stalinistischen Phase der Sowjetunion zum Grundbestandteil des "Marxismus-Leninismus" wurde.

Zentralelement des Marxschen Entwicklungsschemas ist natürlich dessen teleologische Ausrichtung: Für Marx gibt es auch eine "wissenschaftlich begründete" Gewißheit hinsichtlich der Gesellschaftsordnung der Zukunft, die Menschheitsgeschichte steuert qua der sie bestimmenden Gesetze auf ein Ziel, den Kommunismus, zu, in welchem sich der Sinn und Zweck aller Geschichte erfüllt. Es ist bekannt, daß Lenin von der Richtigkeit des geschichtsteleologischen Schemas von Marx und der darin der Arbeiterklasse zugeschriebenen Mission restlos überzeugt war, und noch ein Erich Honecker, der die Abstraktionshöhen des Philosophen Karl Marx nie zu erklimmen fähig war, demonstrierte vor einigen Jahren seinen Glauben an die Marxsche Geschichtsteleologie in einem deren Sinn keineswegs entstellenden Verschen: "Den Sozialismus in seinem Lauf hält weder Ochs noch Esel auf".

Wir haben in einem früheren Aufsatz die beiden Grundgehalte von Marx' Geschichtsteleologie ausführlich behandelt, heben sie deshalb nur noch einmal stichpunktartig heraus: Marx' teleologische Geschichtsphilosophie hat eine "radikal-reaktionäre" Dimension, denn das Ziel der Geschichte - der Kommunismus - wird *auch* als Rückkehr zu ihrem Ausgangspunkt gedacht. Den Ausgangspunkt der Gesellschaftsentwicklung stellt für Marx eine primitive, auf Gemeineigentum beruhende Urgesellschaft dar, in dem es noch keine Spaltung zwischen Individual- und Allgemeininteresse gab. Erst die darauffolgende Entwicklung zerreißt diese primitive Einheit, die Gesellschaft entwickelt sich fort zu immer höheren Stadien der Ausbeutung und Entfremdung, die im Kapitalismus kulminieren. Aber im Kapitalismus bilden sich zugleich die Kräfte aus, die dieses System über sich selbst hinaus in sein genaues Gegenteil transformieren und das Ausgangsstadium der Gesellschaftsgeschichte - freilich auf einer vollkommen andersartigen technisch-ökonomischen Basis - *wiederher-*

stellen. Damit haben wir bereits den zweiten Grundgehalt von Marx' Geschichtsteleologie angesprochen, ihren fortschritts- und technikoptimistischen Gehalt, der zu einem Zentralbestandteil der Sowjetideologie wurde. Für Marx ist es gerade die permanente Revolutionierung der Produktivkräfte im Kapitalismus, die in quasi naturgesetzlicher Eigendynamik zu einer Sprengung kapitalistischer Produktionsverhälntnisse führt, ist es das Höchststadium kapitalistischer Technikentwicklung, das zur Basis der kommunistischen Gesellschaftsform wird. Das Ziel der Geschichte ist ihr auf die allermodernste technische Grundlage erhobenes Ausgangsstadium.

Ein weiteres Grundelement der Marxschen Geschichtsphilosophie ist natürlich ihre vom Glauben an die historische Mission des Proletariats getragene Revolutionstheorie.

Im Proletariat - Produkt des Kapitalismus - kristallisiert sich für Marx die ganze Inhumanität des Systems, die sich - aufgrund der den Kapitalismus unabänderlich bestimmenden Gesetze - *verschärft* und auf eine immer größer werdende Menschengruppe *ausdehnt*. Aber im Zuge seiner fortschreitenden Verelendung und seines Wachstums entwickelt sich auch die revolutionäre Aktivität des Proletariats und das Bewußtsein seiner historischen Mission, den Kapitalismus durch ein System zu ersetzen, das allererst die volle Menschlichkeit eines jeden ermöglicht und den Gegensatz zwischen Eigen- und Allgemeininteresse aufhebt.

Wir haben früher ausgeführt, daß Lenin - gegen alle "revisionistischen" Autoren - starr an der Marxschen Krisen- und Revolutionstheorie festhielt, sie aber in einem entscheidenden Punkt weiterführte: es sei nicht die Arbeiterklasse selbst, sondern die durch das Prinzip des "demokratischen Zentralismus" zu einem einheitlich agierenden Instrument geformte *Partei*, die - qua ihres Wahrheitsmonopols - die Mission des Proletariats - die Revo-

lution und den Sozialismus - vorantreibt und verwirklicht. Im Leninismus ist der Marxismus zur Theorie und Organisation einer Partei weiterentwickelt und konkretisiert worden, die sich als "Vollstreckerin" einer "wissenschaftlichen" Lehre mit einem universalen Geltungs- und Wahrheitsanspruch begriff.
Nach dieser kurzen Skizze einiger "marxistischer" Grundmotive, die in die Sowjetideologie eingingen, müssen wir ihre "unmarxistischen" Inhalte ansprechen. Diese resultierten aus der Unterentwickeltheit Rußlands, das in keinem Punkt den Verhältnissen entsprach, die Marx als Voraussetzung einer proletarischen Revolution begriffen hatte. Im marxistischen Schema war die sozialistische Umwälzung als Endprodukt eines durch die industrielle Revolution in Gang gesetzten Entwicklungsprozesses der Produktivkräfte gedacht, während in Rußland die Industrialisierung über bescheidene Anfänge noch nicht hinausgekommen war. So mußte dasjenige, was bei Marx Prämisse der Revolution war, in Rußland von der revolutionären Partei erst geschaffen werden, wurde etwas zum *Ziel* der revolutionären Umgestaltung erhoben, was doch Voraussetzung derselben sein sollte. In Lenins Slogan "Kommunismus = Sowjetmacht + Elektrifizierung" ist diese "Verkehrung" des Marxismus auf den Punkt gebracht, eine Verkehrung, die ungeheure Konsequenzen für die sowjetische Gesellschaftsentwicklung bekommen sollte. Denn das Ziel, eine Industriemacht "planmäßig" aus dem Boden zu stampfen und in kürzester Zeit die entwickelten Staaten Westeuropas technisch zu überholen, hatte die "planmäßige" Zerstörung der traditionellen Sozialstrukturen zur Voraussetzung, mußte die bewußte Vernichtung der vorindustriellen Ordnung zu einem zentralen Element eigener Ideologie und Praxis machen. Es liegt aber auf der Hand, daß die Intention zur Vernichtung "des Alten" um der Industrialisierung und des sozialistischen "Endziels" willen zu-

gleich ein ideologisches Potential zur terroristischen Gewaltanwendung gegen die Angehörigen der Klassen der alten Ordnung in sich barg; daß die Intention zur Vernichtung alter *Strukturen* sich zur Intention der Vernichtung der die alten Strukturen stützenden Menschengruppen konkretisieren konnte. "...Wenn die industrielle Revolution auf grundsätzlich andere Weise durchgeführt werden sollte, als sie in Westeuropa durchgeführt worden war, dann mußte die Vernichtungskraft, die sie gleichsam hinter dem Rücken der Betroffenen an den Tag gelegt hatte, eine personale und bewußte Gestalt gewinnen, und der Fortschritt würde sich als Fortschrittspartei, die Vernichtung als Vernichtungspartei darstellen. Wenn eine marxistische Partei die industrielle Revolution in Gang setzt, statt ihre Früchte zu ernten, muß sie zuerst die rivalisierende Führungsgruppe vernichten, nämlich den Adel und das Bürgertum, und dann jede gesellschaftliche Schicht, die wie die selbständigen Bauern die Tendenz hat, sich der zentralen Autorität zu entziehen oder sogar zu widersetzen. Wenn sie sich in einem ersten Anlauf auf Kompromisse einlassen muß - etwa auf die Aufnahme zahlreicher Offiziere des ancien regime in die neue Armee oder großer Teile des früheren Bürgertums in den Staatsapparat -, dann wird sie einen zweiten Anlauf nehmen, und es mag sogar dahin kommen, daß sie sich selbst nahezu ausrottet, wenn in ihr weiterhin Elemente der Unruhe und des Widerstandes gegen die oberste Führung enthalten sind. Eine führende Schicht etabliert sich dadurch am festesten, daß sie sich selbst nicht schont. Wenn sie ihrer Aufgabe gewachsen ist, die industrielle Revolution bewußt zu produzieren und damit eine Alternative zu der englischen und westeuropäischen Entwicklung in die Welt zu bringen, dann muß sie zugleich der verkörperte Fortschritt und die verkörperte Vernichtung sein. "(Nolte 1983, 526 f.).

V. Die Hauptphasen des Terrors

Bis in die 50er Jahre war der Terror ein Grundbestandteil des sowjetkommunistischen Systems, danach verlor er - ohne freilich gänzlich zu verschwinden - seine dominante Stellung im Repertoire der Machtausübungstechniken. Im folgenden sollen in einer kurzen Skizze die Hauptformen des Terrors in der ersten Hälfte dieses Systems untersucht werden. Dabei beschränken wir uns auf einige beschreibende Hinweise zur Unterscheidung von Stadien der Terrorentwicklung. Ursachen können hier allerhöchstens am Rande angedeutet werden.

Einführend noch einmal eine kurze Vergegenwärtigung des Terrorbegriffs: Unter "Terror" soll eine vom normwidrigen Handeln der Beherrschten unabhängige Gewaltpraxis politischer Machthaber verstanden werden - Gewaltwillkür. Zur puren Gewaltwillkür - so hatten wir früher ausgeführt - tritt in der "totalitären Diktatur" eine andere Terrorform als ihr eigentliches Charakteristikum hinzu: die Gewalt gegen Menschengruppen, die von der Ideologie zu "objektiven Feinden" gestempelt werden, zu "Schuldigen" qua ihres sozialen oder "biologischen" "Seins".

Diese ideologisch bestimmte Terrorvariante trat in der sowjetischen Entwicklung bereits sehr früh, im Bürgerkrieg nämlich, hervor. Natürlich war der russische Bürgerkrieg - wie jeder Bürgerkrieg - ein Schauplatz für vielfältige Terrorpraktiken von beiden Seiten, aber es gab hier doch eine Form im sogenannten "roten Terror" der Bolschewiki, die neuartig war und genau dem entspricht, was gerade als Terror gegen den ideologisch bestimmten "objektiven Feind" bezeichnet wurde. Lazis, einer der führenden Männer der Tscheka, der neugeschaffenen bolschewistischen Geheimpolizei, schrieb im Dezmeber 1918 in der Prawda über das "gerichtliche" Vorgehen gegen Personen, die als Feinde der Sowjets verdächtigt wurden: "Wir sind dabei, die Bourgeoisie als Klasse auszurotten. Ihr (d.h. die Volksrichter) habt im Prozeß nicht nach belastenden Anklagepunkten zu suchen, die feststellen sollen, daß der Entsprechende sich gegen die Sowjetmacht mit Wort oder Tat erhoben habe. Eure erste Pflicht ist es, ihn zu fragen, welcher Klasse er angehört, welcher Abstammung er ist, welche Bildung er besitzt und welchen Beruf er ausübt. Diese Fragen müssen das Schicksal des Angeklagten entscheiden. Darin liegt der Sinn und das Wesen des roten Terrors" (Steinberg 1931, Neudruck 1974, 60).

Ein ganz neues Stadium ideologisch bestimmten Terrors bezeichnet die Kollektivierung der Landwirtschaft zwischen 1929 und 1933, bei der der soziale Unterbau der alten russischen Ordnung total zerstört wurde und die Partei die gesellschaftliche Sphäre völlig in ihren Zwangsgriff nahm. Der Terror in dieser Phase revolutionärer Umgestaltung der Gesellschaft richtete sich primär gegen die sogenannten "Kulaken" (etwas wohlhabendere Bauern), die ebenfalls als ein ideologisch vorgegebener, "objektiver Feind" fungierten, deren soziale Existenz mit zentralen ideologischen Zielen unvereinbar war.
Kolakowski (1988, III,50) und - im Anschluß an ihn - Bullock (1991, 557) bezeichnen die Zwangskollektivierung, die das russische Bauerntum, die zahlenmäßig bei weitem größte Gruppe der russischen Gesellschaft, als selbstständige Klasse vollständig vernichtete, als den "wahrscheinlich größten Krieg, den ein Staat jemals in der Geschichte gegen die eigene Bevölkerung geführt hat". Man kann diesen "Krieg", bei dem nach neueren Schätzungen ca. 12 Millionen Menschen umkamen (vgl. Bullock 1991, 374), als eine Folge von zwei grundlegenden ideologischen Zielen des Bolschewismus auffassen: des "marxistischen" der Verstaatlichung *aller* Produktionsmittel und des "unmarxi-

stischen" der forcierten planwirtschaftlichen Industrialisierung. Zwar hatte die Partei nach dem völligen Desaster des "Kriegskommunismus" mit der sog. NÖP zwischen 1920 und 1928 marktwirtschaftliche Strukturen auf dem Lande selbst restituiert, aber bereits Lenin hatte keinen Zweifel daran gelassen, daß es sich bei der NÖP nur um ein bald zu überwindendes Zwischenstadium handeln könne. Ab Mitte der 20er Jahre begannen dann heftige ideologische Auseinandersetzungen in der Parteispitze, in denen Stalin schließlich (gegen Bucharin und im Einklang mit Preobrashenski) die Zwangskollektivierung - als Grundvoraussetzung für die schnellstmögliche planwirtschaftliche Industrialisierung[14] - auf die Tagesordnung setzte (vgl. hierzu Kolakowski 1988, III,46 ff.). Kolakowski hat die unmittelbaren Auswirkungen der Kollektivierung eindringlich beschrieben:

"Was dann kam, war die Hölle. Hunderttausende und schließlich Millionen von Bauern, die man willkürlich als "Kulaken" bezeichnete, wurden nach Sibirien und in andere verlassene Landstriche verfrachtet, verzweifelte Aufstände auf dem Land wurden blutig von Armee und Polizei niedergeschlagen, ein unbeschreibliches Chaos, Elend und Hunger überzogen das Land. Es kam vor, daß ganze Dörfer deportiert wurden, ganze Dörfer an Hunger starben; bei den überstürzt organisierten Deportationen gingen Massen von Menschen an der Kälte, den Entbehrungen und dem Terror zugrunde; ...Um zu verhindern, daß die ausgehungerten Bauern in die Städte flüchteten, führte man rasch ein Paß-System ein: unter Androhung von Gefängnis durfte niemand ohne Paß seinen Wohnort verlassen. An die Bauern wurden keine Pässe ausgegeben, und so bildeten sie eine Masse von fronpflichtigen Untertanen, die unter den schlimmsten feudalen Verhältnissen an die Scholle gebunden waren. (Dieses System wurde bis zu den 70er Jahren nicht aufgehoben). Die Konzentrationslager füllten sich mit neuen Massen von Gefangenen, die zu Zwangsarbeit verurteilt worden waren. Mit diesem ganzen Vorgang, der die Bauernschaft vernichtete und zwangsweise in Kollektivwirtschaften hineintrieb, wollte man ein Höchstmaß an Sklavenarbeit aus der Bevölkerung herauspressen, um es

[14] Die der Landbevölkerung vom Staat abgepreßte Mehrarbeit sollte als Industrialisierungsfond dienen.

für die Entwicklung der Industrie zu verwenden. Das unmittelbare Resultat war ein Niedergang der sowjetischen Landwirtschaft, von dem diese sich trotz zahlloser Reorganisationen und Reformen bis heute nicht erholt hat" (Kolakowski 1988, III,50 f.).

Nach der Zwangskollektivierung ebbte der Terror im Sowjetsystem zunächst ab, aber es kam dann ab Mitte der 30er Jahre zu einer Eskalation, die alles vorhergehende in den Schatten stellte. Man hat diesen Terrorexzeß als "große Säuberung" bezeichnet, und diese zeichnete sich durch zwei neuartige Merkmale gegenüber den bisher skizzierten Terrorphasen aus: Der Terror richtete sich nun zum einen gegen alle Ebenen des Partei- und Staatsapparates selbst, andererseits bedrohte er aber zugleich auch jedes "einfache" Gesellschaftsmitglied - unabhängig vom Tun und seiner "Gesinnung". Diese Totalisierung des Terrors aber kann nicht mehr durch Bezugnahme auf ideologische Faktoren erklärt werden, als "Verwirklichung" ideologie-immanenter Feindbegriffe. Daß der Terror mit besonderer Heftigkeit gerade gegen die ideologietreuesten Parteimitglieder wütete, die völlig willkürlich zu Feinden ("faschistischen" oder "trotzkistischen Verschwörern" etc.) erklärt wurden, demonstriert vielmehr, daß es eine der Hauptfunktionen der "großen Säuberung" war, die Loyalität zur traditionellen Parteiideologie völlig aufzulösen und durch eine nicht mehr steigerbare Loyalität zum Despoten zu ersetzen.

Der "totale Terror" der "großen Säuberung" ist ein in der europäischen Geschichte einzigartiges Phänomen. Einzigartig auch und gerade deswegen, weil die Vernichtung großer Teile der politischen, militärischen und technischen Elite - gemessen an gängigen Standards von Zweckrationalität - als "irrational" erscheint (vgl. Schramm 1983, 844). Die Erklärungsprobleme, die dadurch entstehen, werden noch durch die Tatsache verstärkt, daß der sich bis in die Spitzen der Herrschaftsapparate hineinschlingende - und damit das Herrschaftssystem tendenziell selbstzerstörende Terror (vgl. Conqest 1970, 313) - keineswegs als eine einmalige "Entgleisung" des stalinistischen Regimes aufgefaßt werden kann. Vielmehr wiederholte sich ein derartiger Terrorprozeß gegen die Partei - wenn auch in abgemilderter Form - zwischen 1949 und 1953 (vgl. Conqest ebda., 1970, 572). Mit Hannah Arendt läßt sich demnach der die Basen der Herrschaft selbst angreifende "herrschaftsinterne" Terror (zum Begriff: Siegel 1992, 40) keineswegs lediglich als "Exzeß des Regimes, provoziert durch außergewöhnliche Umstände ", begreifen, sondern es muß hervorgehoben werden, daß dieser Terror eine "Institution" darstellte und man in...Abständen mit (ihm) rechnen mußte (...)" (Arendt 1986, 493). Gerade der "totale" und der von ihm umschlossene "herrschaftsinterne" Terror mit seiner offenkundigen "Dysfunktionalität" ist das "eigentliche Problem" jeder Stalinismustheorie (Lorenz 1979, 224), und die Behauptung ist keineswegs übertrieben, daß die bisherigen Forschungsarbeiten über den Stalinismus dieses "Problem" noch nicht befriedigend lösen konnten. Siegel hat in seiner vorzüglichen Studie (1992) die bisherigen Theorien hierzu typologisch geordnet und ihre Defizite verdeutlicht: Sowohl die Stalin als "Ursache" setzenden "personalistisch" argumentierenden Autoren (etwa Conqest 1970 oder Schramm 1983) als auch jüngere Wissenschaftler wie Getty (1985), die den "totalen" und "herrschaftsinternen" Terror als Folge der durch objektive ökonomische Probleme ausgelösten Auseinandersetzungen verschiedener Parteifraktionen begreifen, können hinreichende, wissenschaftlich nachvollziehbare Argumente für *diese* Formen institutionalisierten Terrors nicht entwickeln. Siegel selbst hat im Anschluß an ein theoretisches Modell Nowaks (vgl. Nowak 1987) überzeugend begründet, daß es in Diktaturen des kommunistischen Typs eigendynamische Entwicklungstendenzen zu Terrorpraktiken gegen die Herrschaftsapparate selbst gibt, daß - *nach* der ideologisch stimulierten gewalttätigen Transformation der Gesellschaft *durch* die Partei - die Gewalt *gegen* die Partei gewissermaßen von selbst zum ersten Tagesordnungspunkt aufrückt. (Übrigens legt auch die an Intensität mit der "großen Säuberung" der Jahre 1937/38 durchaus vergleichbare chinesische Kulturrevolution den Gedanken an eine derartige Eigendynamik nahe).

Ergebnis des "totalen Terrors" der "großen Säuberung" war eine total atomisierte, in einen Zustand künstlicher Anomie hineingetriebene Gesellschaft, die gleichwohl zu einer fast perfekten, auf den Despoten ausgerichteten Einheit zusammengeschweißt war. In diesem System breiteten sich überall gespenstische Beziehungsmuster zwischen den einzelnen aus, weil dasjenige, was üblicherweise konstitutiv für menschliche Vergesellschaftung ist, hier zerstört worden war: das Wissen, was weshalb "Gewalt von oben" auslöst und das Vertrauen in Personen der unmittelbaren Umgebung. Was soziale Beziehungen nunmehr bestimmte, war eine durch Schreckeffekte immer neu genährte diffuse Angst: die permanente Angst vor einem Angriff der Terrororgane und die permanente Angst vor "Verrat". Diese Angst erzeugte bei den atomisierten einzelnen insbesondere drei Verhaltensstrategien:

1. Man versuchte, sich unsichtbar zu machen, "Nicht - Auffallen" wurde zur wichtigsten Maxime.

2. Man demonstrierte in den Massenorganisationen frenetische Zustimmung zu den gerade propagierten Parolen des Regimes und ließ in die sozialen Kontakte die Kundgebung der Treue zum Despoten als unaufdringlich präsentierte Selbstverständlichkeit einfließen. Das Denken und Fühlen einerseits und das Sprechen und Handeln andererseits standen also in völligem Widerspruch zueinander: Die Angst und ein mehr oder weniger bewußtes, fest umschlossenes Enklavengeheimnis - die Ahnung der großen Lüge - mußten im sozialen Kontakt verleugnet werden, die Beziehung zu anderen erzwang immer neue Verstellungen, und zwar auch und gerade in Spitzenpositionen des Machtsystems. Die Doppelzüngigkeit, die die stalinistischen Henker in den Moskauer Schauprozessen ihren prominenten Opfern vorwarfen, war eine vom Terrorsystem erzwungene psychologische Notwendigkeit (hierzu Sperber, Schreckensherrschaft, in Sperber 1978, 39 ff.).

3. Man entwickelte eine Bereitschaft, den Terrororganen Handlangerdienste auch über das Maß des sowieso von ihnen Geforderten - nur der Verrat beweist Treue (Sperber, ebda., 37) - zu leisten, vesuchte sich durch Zuliefererdienste eine gewisse Hoffnung zu erhalten, dem Zugriff der Terrororgane entzogen zu bleiben. Kolakowski hat die Grundmerkmale der stalinistischen Gesellschaft in der "großen Säuberung" auf den Punkt gebracht: "Man konnte

meinen, daß das Ideal des Sozialismus in der Stalinschen Version eine Situation sei, in der alle im Konzentrationslager sitzen und alle gleichzeitig Agenten der Geheimpolizei sind. Obwohl schwer zu erreichen, gab es in den dreißiger Jahren eine sehr starke Bewegung auf dieses Ideal hin" (Kolakowski 1988, III,106).

Literatur

H. Arendt: Elemente und Ursprünge totaler Herrschaft. München 1986.

A. Bullock: Hitler und Stalin. Berlin 1991.

R. Conquest: Am Anfang starb Genosse Kirow. Düsseldorf 1970.

I. Getty: Origins of the Great Purges. Cambridge 1985.

L. Kolakowski: Die Hauptströmungen des Marxismus, Bd. 2 und 3. München 1988.

G. Konrad: Die Intelligenz auf dem Weg zur Klassenmacht. Frankfurt 1979.

W.I. Lenin: Was tun, in: Werke, Bd. 5 (Hg.: Institut für Marxismus-Leninismus beim ZK der SED).

R. Lorenz: Politischer Terror in der UDSSR während der dreißiger Jahre, in: Das Argument 114, 1979.

E. Nolte: Marxismus und industrielle Revolution. Stuttgart 1983.

L. Nowak: A model of Socialist Society, in: Studies in Soviet Thought 34, 1987.

H. R. Peters: Sozialismus - was ist oder was war das? In: Beiträge zur Konfliktforschung 1, 1990.

G. Schramm: Industrialisierung im Eiltempo und Kollektivierung der Landwirtschaft, in: Ders. (Hg.), Handbuch der Geschichte Rußlands. Stuttgart 1983.

A. Siegel: Die Dynamik des Terrors im Stalinismus. Pfaffenweiler 1992.

M. Sperber: Sieben Fragen zur Gewalt. München 1978.

L. Trotzki: Terrorismus und Kommunismus. Hamburg 1921.

K. Ziemer: Zur Erosion des Herrschaftsmonopols der KPDSU. In: Osteuropa 6/90.

Die Totalitarismustheorie und der Begriff der "totalitären Diktatur[15]

Es ist bekannt, wie umstritten die Verwendung eines -Nationalsozialismus und Sowjetkommunismus- "analogisierenden" Totalitarismusbegriffs ist. Die Kritik hat sich immer an sehr unterschiedlichen Aspekten entzündet, wobei manchmal auch die Gefahr einer gewissen "definitorischen Überdehnung" (Funke, in Löw 1988, 45) des Begriffs angesprochen wurde. Eine derartige "Überdehnung" liegt meines Erachtens vor, wenn man zum Beispiel die Honnecker-Ära der DDR als "totalitär" bezeichnet. Nach dem Merkmalssyndrom, das ich entwickeln werde, befanden sich die "real existierenden" sozialistischen Staaten bereits lange vor ihrem Zusammenbruch in einer posttotalitären Phase, und keines der von der Sowjetunion etablierten Satellitensysteme ist jemals "totalitäre Diktatur" in dem Sinne wie diese selbst gewesen.
Weil "Totalitarismus" im Alltagsgebrauch aber auch im wissenschaftlichen Diskurs oftmals recht unscharf verwendet wird, empfiehlt es sich, einleitend zunächst einige der stereotyp vorgebrachten Kritikpunkte am Begriff und dann einige Aspekte seiner Bedeutungsgeschichte zu skizzieren.

I. Zur Kritik an der Totalitarismustheorie

Zunächst sei hervorgehoben, daß der Totalitarismusbegriff seit seiner frühesten Verwendung einen normativen Kern enthält - das implizite oder explizite Bekenntnis einer in den Grundprinzipien des liberaldemokratischen Verfassungsstaates verwurzelten Gegnerschaft gegen die "totali-

[15] Vorlesung, gehalten im Sommer 1992 an der Universität Freiburg

tären Diktaturen". Diese normative Komponente braucht den wissenschaftlichen Wert des Begriffs keineswegs zu beeinträchtigen, denn schließlich machen die Grundrechtsfundamente des liberaldemokratischen Verfassungsstaates Wissenschaft allererst möglich, sind wissenschaftliches und demokratisches Denken unauflöslich miteinander verknüpft. Freilich machte es der normative Kern des Begriffs unausweichlich, daß die Totalitarismustheorie immer wieder zum Objekt feindseliger ideologischer Angriffe wurde. Dies ließe sich etwa bei manchen marxistischen Faschismustheoretikern demonstrieren. Ihre Modelle beruhten auf der eingestandenen oder uneingestandenen Parteinahme für ein sozialistisches System, und deswegen standen sie Theorien mit schroffer Ablehnung gegenüber, deren liberal-demokratisches Fundament klar erkenntlich war und die vor allem das ungeheure Sakrileg begingen, kommunistische und faschistische Systeme vergleichend aufeinander zu beziehen. Wie kann man das "Gute", als das der Kommunismus trotz aller "Deformierungen" von ihnen begriffen wurde, mit dem "Bösen", dem Faschismus, vergleichen und damit in gewisser Weise auf eine Ebene stellen? Natürlich sind nach 1989 derartige Kindereien, die teilweise nur der Unkenntnis entsprangen, vorbei, aber die Geschichte dieser theoretischen Feindschaften ist erst noch zu schreiben.

Es klang bereits an, was seit ihren Anfängen in den 20er Jahren mehr und mehr zum wissenschaftlichen Ziel der Totalitarismusforschung wurde: die Begründung von Begriffen und theoretischen Aussagen, die die neuartigen Merkmale der modernen Diktaturen des Nationalsozialismus/-Faschismus und des Sowjetkommunismus vergleichend aufeinander zu beziehen versuchten. Der Begriff des "Totalitarismus" versteht sich als Kennzeichen der Besonderheiten dieser Diktaturen, deren Herrschaftsaufbau, -technik und -legitimierung mit den Konzeptionen der klassischen politischen Theorie (Despotismus, Tyrannis, Autokratie etc.) nur unzureichend erfaßbar sind. Dieses Ziel wurde aber oftmals mißverstanden, und gerade ab Mitte der 60er Jahre häuften sich die Angriffe gegen die Totalitarismustheorie. Stereotyp kehrten dabei die folgenden Kritikpunkte wieder:

1. Häufig vorgebracht wurde der Vorwurf, die Totalitarismustheorien fußten auf der Annahme einer "Identität" der Systeme Hitlers und Stalins. Wippermann etwa schreibt: "Von einer Identität beider Herrschaftssysteme aber kann nicht gesprochen werden, da die politischen, sozialen und ideologischen Ziele von Faschismus und Kommunismus fast diametral entgegengesetzt sind" (Wippermann 1976, 76). Kein Totalitarismustheoretiker hat behauptet, was Wippermann hier unterstellt. Vielmehr wird immer die völlige Gegensätzlichkeit der ideologischen Ziele von Kommunismus und Faschismus unterstrichen, zugleich aber - und das ist das Entscheidende - eine Ähnlichkeit formalstruktureller Merkmale der Ideologien und des Herrschaftsaufbaus nachzuweisen versucht. 2. Immer wieder findet man den Vorwurf, die Totalitarismustheorien behaupteten eine "monolithische Geschlossenheit" (vgl. z. B. Kershaw, 1988) der "totalitären" Systeme. Tatsächlich aber werden bereits bei C. J. Friedrich (1957), vor allem aber bei Hannah Arendt (1962) die strukturauflösenden, "chaotischen" Züge im nationalsozialistischen und kommunistischen Machtsystem sehr deutlich - und manchmal prägnanter als von ihren Kritikern - betont.

3. Ein weiterer, oftmals gegen die Totalitarismustheorie vorgebrachter Einwand wurde bereits angesprochen: Man *dürfe* das kommunistische und nationalsozialistische System nicht miteinander vergleichen, weil die ideologischen Ziele des Kommunismus "human" gewesen seien, diejenigen des Nationalsozialismus aber den Gipfel der Inhumanität dargestellt hätten. Derartige Einwände halten sich

an Denktabus fest, dabei gehört es bereits zum Grundbestandteil unvoreingenommenen Alltagsdenkens, daß die Menschlichkeit oder Unmenschlichkeit propagierter *Ideologien* mit dem realen Aufbau von Herrschaftssystemen nur sehr wenig oder garnichts zu tun zu haben brauchen. Tatsächlich ist das Pseudoargument, man dürfe Nationalsozialismus und Kommunismus wegen der "menschlichen" Ziele des letzteren nicht miteinander vergleichen, sehr häufig mit einer mehr oder weniger deutlichen Rechtfertigung der Opfer des Sowjetkommunismus verbunden gewesen. Am plattesten geschah dies bei einem Autor, dessen Bücher über den Faschismus in der Bundesrepublik außerordentlich hohe Auflagen erreichten, und dessen statements man nur deswegen nicht als "zynisch" bezeichnen darf, weil ihm der Sinn mancher seiner Aussagen selbst nie recht klar geworden ist. Reinhard Kühnl schreibt, sich gegen den Vergleich von Nationalsozialismus und Stalinismus wendend: "Es genügt...nicht, die Merkmale eines Messers genau zu beschreiben, ohne die Frage zu stellen, ob dieses Messer für nützliche Küchenarbeit oder für einen Mord benutzt wird" (Kühnl 1979, 123). Die nächsten Sätze machen dann klar, was man vermuten mußte. Die Nazis haben das Messer für den Mord, die Stalinisten es aber "letztlich" für "nützliche Küchenarbeiten" benutzt. Da man annehmen kann, daß Kühnl weiß, daß in der Sowjetunion millionenfach gemordet wurde, muß man seine Analogie als Rechtfertigung für Terror und Mord begreifen: Im Lichte des "gerechten Zwecks" erscheint *dieser* Mord als eine - besser zu verschweigende - Nebensache; der nazistische Mord ist nur deswegen verabscheuungswürdig, weil die faschistischen *Ziele* verabscheuungswürdig waren. Teilweise erscheint es bei manchen marxistischen Kritikern der Totalitarismustheorie so, als böte nur der Charakter der *Zwecke* eindeutige Kriterien, ob Mord und Terror als "Mord" und "Terror" definierbar sind. Rechtfertigungen terroristischer Mittel durch den Verweis auf die "großen Endziele" aber gehören eindeutig "zum klassischen Repertoire der totalitären Apologetik" (Bracher 1976) selbst, und man hat manchmal den Eindruck, daß einige Autoren auch deswegen der Totalitarismustheorie so feindselig gegenüberstanden, weil sie die Zugehörigkeit von Mustern ihres Denkens zu dem von dieser Theorie analysierten Phänomen erkannten.

II. Zur Geschichte des Totalitarismusbegriffs

Werfen wir nun einen kurzen Blick auf die Entstehung und die Geschichte des Totalitarismusbegriffs.
Manchmal wird behauptet, der Totalitarismusbegriff sei ein Produkt des "Kalten Krieges". In Wirklichkeit aber bildete sich eine in den Grundprinzipien des liberalen Verfassungsstaates verwurzelte Konzeption des "Totalitären" mit negativ wertender Intention bereits in den 20er Jahren. Und sie formte sich zunächst bei italienischen Autoren, die sehr bald die miteinander verfeindeten faschistischen und kommunistischen Bewegungen als Varianten eines neuartigen politischen Prinzips begriffen. Warum sie diese Bewegungen einem gemeinsamen Oberbegriff subsumierten, hat einen einfachen Grund: die "negative" Übereinstimmung beider Bewegungen in ihrer Feindschaft gegen die Demokratie. Auf den Punkt gebracht hat dies 1926 der ehemalige italienische Ministerpräsident Francesco Nitti: "Faschismus und Bolschewismus beruhen nicht auf entgegengesetzten Grundsätzen, sie bedeuten die Verleugnung derselben Grundsätze von Freiheit und Ordnung, der Grundsätze von 1789..." (Nitti, in Nolte 1979, 47). Es ist bekannt, daß der Totalitarismusbegriff von Ideologen des italienischen Faschismus, insbesondere von Mussolini selbst, aufgegriffen wurde. Dabei ist ideologiegeschichtlich von besonderem Interesse, daß einige dieser

Ideologen den Begriff ganz ähnlich wie die demokratischen Autoren verwenden - z.B. konstatiert Sergio Pannunzio eine "unbestreitbare formale Gleichheit" (vgl. in Jänicke 1971, 33) der faschistischen mit der bolschewistischen Partei -, nur mit genau umgekehrter Wertung: der faschistische Totalitarismus sei die einzige zeitgemäße revolutionäre Gegenbewegeung gegen die "Ideen von 1789". Es ist nicht ganz unwichtig, sich derartige Ähnlichkeiten in der frühen Verwendung des Totalitarismusbegriffs durch Demokraten und faschistische Ideologen vor Augen zu halten, zeigt sich doch hier ein politischer und analytischer Instinkt, ein Sensorium für die Erkenntnis des Neuen und wirklich Wichtigen, das vielen späteren Kritikern des Begriffs, die immer wieder auf der Banalität einer Gegensätzlichkeit der Ideologien herumritten, abging.
In die folgenden Versionen des "liberalen" Totalitarismusbegriffs gingen die sich wandelnden außenpolitischen Frontstellungen der Zeit unmittelbar ein (vgl. Jänicke, 1971). Mit dem Begriff wurde vornehmlich immer derjenige Staat etikettiert, der die "westliche" parlamentarische Ordnung am stärksten zu bedrohen schien. Das war ab Mitte der 30er Jahre der Nationalsozialismus, der jetzt zumeist als Prototyp des Totalitarismus begriffen wurde, während sich dann mit dem Hitler-Stalin-Pakt die Gewichte wieder verschoben. Der Pakt schien die handgreiflichste Bestätigung für die Richtigkeit des "analogisierenden" Begriffs zu bieten, und die internationale politische Frontstellung schien sich auf eine einfache Formel reduzieren zu lassen: This european war is an 'ideological war'. It is a fight of the liberal powers...against...the totalitarian powers...", schreibt Franz Borkenau in "The Totalitarian Enemy" (Borkenau 1940, 11). Wie abhängig der Begriff freilich von der aktuellen politischen Konstellation war, zeigte sich darin, daß er zwischen 1941 und 1945 weitgehend aufgegeben wurde: "Die Scheu, das Totali-

tarismus-Verdikt ausdrücklich auch auf die Sowjetunion anzuwenden, entspringt bei (den liberalen) Autoren dieser Zeit einer Sympathie für das Bündnis der Westmächte mit Stalin" (Jänicke 1971, 78). Die "Blütezeit" des "analogisierenden" Totalitarismusbegriffs begann in der Ära des "Kalten Krieges". In der Konstruktion des Begriffs verschoben sich nun die Akzente: Der Begriff zielte vor allem auf den jetzigen Hauptgegner, das sowjetkommunistische System; aber der a priori mit diesem als weitgehend strukturähnlich aufgefaßte und erst jetzt - zumal in seinen düstersten Seiten - genau erkannte Nationalsozialismus lieferte wichtiges Material zur Konkretisierung des Bildes vom außenpolitischen Gegner. Typischerweise ging dann in der Entspannungsära der Gebrauch des Begriffes zurück, und es war nicht selten, daß in der Bundesrepublik Anhänger der Totalitarismustheorie als "Reaktionäre" und "Kalte Krieger" tituliert wurden. Die Renaissance verschiedener Formen der marxistischen Faschismustheorie - angestoßen durch die 68er Bewegung - prägte ein intellektuelles Meinungsklima, das zwar produktive Impulse freisetzte, zugleich aber ideologische Voreingenommenheiten und Tabuisierungen förderte, ohne welche auch der "Historikerstreit" von 1986 nicht verstehbar ist. Es entsprach der bestimmenden Zeitströmung, die Gewalt- und Terrorseite in der Entwicklung des Sowjetkommunismus in den Hintergrund zu rücken, und auch Solschenyzins "Archipel Gulag" - der in französischen Intellektuellenkreisen schockhaft wirkte - führte zu keiner Revision des in der Bundesrepublik dominanten Kommunismusbildes. Den großen Bruch bewirkte erst "1989", und es war unausbleiblich, daß dieses epochale Datum zugleich eine Renaissance des Totalitarismuskonzepts einleitete. Die entscheidenden Anstöße dafür kamen von osteuropäischen und russischen Intellektuellen, welche die liberaldemokratische Ordnung des Westens als Zukunftsziel dem Kommunismus entgegengehalten hatten und nun den Blick auf Elemente des kommunistischen Systems lenkten, bei denen die Ähnlichkeit mit Merkmalen des Nationalsozialismus ins Auge stechen mußte.

III. Prämissen für die Verwendung des Totalitarismusbegriffs

"Klassische" Konzeptionen der Totalitarismustheorien sind C. J. Friedrichs "Totalitäre Diktatur" (1957) und vor allem Hannah Arendts "Elemente und Ursprünge totalitärer Herrschaft" (1962). An diese Konzeption möchte ich im folgenden anknüpfen. Davor aber ist notwendig, zunächst einmal die Prämissen offenzulegen, die meine Verwendungsweise des Totalitarismusbegriffs bestimmen.[16]

1. Im Gegensatz zu einigen Autoren (Z. B. Popper, 1957), die das Wort "totalitär" mit teils weit zurückliegenden Phänomenen in Verbindung bringen, verstehe ich unter "totalitärer Diktatur" eine spezifische *moderne* Diktaturform, eine "soziale Erfindung" (R. Linton) des 20. Jahrhunderts. Eine erste Vorform des Totalitarismus bildete sich freilich schon früher heraus, nämlich in der Ära der Wohlfahrtsdiktatur der Französischen Revolution. Jakob Talmons Auffassung (vgl. 1961), Rousseau sei der "geistige Vater des Totalitarismus" und Robbespierre - als Vollstrecker seiner Ideen - der erste totalitäre Diktator, teile ich mit Einschränkungen. Der *zeitlichen* Eingrenzung von "Totalitarismus" möchte ich eine *räumliche* hinzufügen. Die Entstehung des Totalitarismus ist ein Produkt der gesellschaftlichen und geistigen Entwicklung *Europas*, sie hat insbesondere den europäischen Säkularisierungs- und Demokratisierungsprozeß zur Grundvoraus-

---

[16] Diese Prämissen sind in teilweise enger Anlehnung an C. J. Friedrichs Begriff formuliert.

setzung. Die ersten totalitären Regime waren "postdemokratische Systeme" (vgl. Backes, 257 in: Nipperdey u.a. 1993).

2. Wir begreifen den Sowjetkommunismus und Nationalsozialismus als die historisch ersten und wichtigsten Varianten von "totalitärer Diktatur" und behaupten, daß sie sich in einigen wesentlichen Punkten ähnelten. Diese These freilich bedarf, damit sie nicht von vornherein wieder ins Raster typischer Mißverständnisse fällt, einiger erläuternder Zusatzbestimmungen. Zunächst sei angemerkt, daß die Ähnlichkeit dieser Diktaturen besonders plastisch erst durch ihren Bezug auf "dritte" politische Ordnungen - insbesondere den Verfassungsstaat, aber auch ältere Formen der Autokratie - hervortritt. Und sodann sollte noch einmal unterstrichen werden, daß sich die These der Ähnlichkeit auf formale Konstruktionsprinzipien der Herrschaftssysteme und formalstrukturelle Grundmerkmale der Ideologien bezieht, nicht aber auf ideologische *Inhalte*. Die inhaltlichen Ziele beider Ideologien standen sich in schroffer Feindschaft gegenüber.

3. *Totalitäre* Diktaturen waren beide Systeme nicht während der ganzen Zeit ihres Bestehens, sondern nur während bestimmter Phasen; und diese spezifisch totalitären Phasen waren das Ergebnis eigendynamischer Entwicklungsprozesse, nicht aber Produkt bewußter Planung.

4. Eine angemessene Analyse der totalitären Phasen beider Diktaturen setzt voraus, daß man zu einem weitverbreiteten Erkenntnisprinzip - der bestimmenden Kraft der ökonomisch-sozialen Sphäre für die Entwicklung des politischen "Überbaus" - Distanz gewinnt und von einem "Primat der Politik" für beide Systeme ausgeht.

5. Der Begriff der "totalitären Diktatur" muß als "Merkmalssyndrom" konzipiert werden, als ein Bündel miteinander verflochtener und sich gegenseitig stützender und verstärkender Merkmale, die als isolierte Faktoren auch

in ganz anderen Zusammenhängen anzutreffen sind und als solche nicht unbedingt "totalitär" zu sein brauchen.

IV. Grundmerkmale von "totalitärer Diktatur"

Ich will im folgenden ein "Merkmalssyndrom" skizzieren, das mir angemessener als bei C. J. Friedrich wesentliche formale Ähnlichkeiten zwischen dem nationalsozialistischen und sowjetkommunistischen Herrschaftssystem zu reflektieren scheint. Der Begriff von "totalitärer Diktatur", der sich dabei ergibt, hat - darauf sei ausdrücklich hingewiesen - noch keinerlei explikativen Wert, er ist lediglich deskriptiv-klassifizierender Natur, und er kennzeichnet nur die Ansatzpunkte, an denen sich ein Vergleich orientieren müßte.

1. Ein-Parteien-Diktatur

Basis der "totalitären Diktatur" ist das Machtmonopol einer politischen Partei (freilich ist nicht jede Ein-Parteien-Diktatur "totalitär"), und wir wollen den Begriff nicht für Gesellschaftsformen verwenden, in denen sich Parteien im modernen Sinn noch nicht herausgebildet haben. Damit werden diktatorische Herrschaftsformen des monarchischen Typus, aber auch reine Militärdiktaturen, von vornherein vom Totalitarismus abgegrenzt, und es wird eine erste Beziehung des Totalitarismus zur Moderne angedeutet. Diese Andeutung läßt sich durch einige Hinweise auf Grundmerkmale totalitärer Parteien noch einen Schritt weiterführen: Totalitäre Parteien sind - auch wenn sie nur die "Avantgarde" zu organisieren vorgeben - in ihrer Entstehung und ihren ideologischen Ansprüchen mit politischen *Massenbewegungen* verknüpft, der Totalitarismus ist ein Phänomen, das den Eintritt der "Massen" ins politische Geschehen und eine Verbreitung des demokratischen Legitimitätsprinzips in den geographischen Zentren politischer Auseinandersetzungen zur Voraussetzung hat. Massenwirksamkeit entfalten totalitäre Parteien, die sich durchaus als kleine Gruppierungen konstituiert haben können, typischerweise in tiefgehenden Krisensituationen des politischen Systems, dessen revolutionäre Umgestaltung sie zu einem zentralen Programmpunkt erheben. Und sie geben dabei immer vor, den "eigentlichen" Willen der übergroßen Mehrheit zu repräsentieren und zu "vollstrekken". Die gerade skizzierten Merkmale des Massenbezugs totalitärer Parteien finden sich sowohl bei den Bolschewiki als auch der NSdAP. Die Bolschewiki waren zwar in ihrer Konstitutionsphase eine winzige, sich als Avantgarde-Partei verstehende Gruppierung, die auch nach der Machtübernahme den Kreis der Vollmitglieder durch scharfe

Selektionsmaßnahmen klein hielt. Aber diese Partei erlangte doch nach der Februarrevolution eine rasant wachsende Popularität, und sie hätte die Macht weder erringen noch halten können, wenn ihre Grundparolen nicht den Wünschen der Bevölkerungsmehrheit entsprochen hätten. Auch die NSdAP war zunächst nur ein kleines Grüppchen, aber sie wurde dann im Zuge der großen Wirtschaftskrise sehr schnell zur Massenpartei, und zwar nicht nur hinsichtlich des Wählerstimmen-, sondern auch des Mitgliederanteils. Zum Zeitpunkt der Machtübernahme zählte die NSdAP ca. 700.000 Mitglieder und 1935 etwa 2,5 Millionen. Wichtig ist auch, daß die KPdSU und die NSdAP - in freilich sehr unterschiedlicher inhaltlicher Ausformung - das auf Rousseau zurückgehende Prinzip der "heteronom legitimierten Demokratie" verfochten (Sprachrohr und Vollstrekker des "eigentlichen Willens" der Arbeiter und Bauern/- des deutschen Volks, der "arischen Rasse" zu sein), und wir werden gerade diesen Aspekt noch bei der Betrachtung der Komponenten der Ideologien beider Parteien auszuführen haben.
Wir haben einige Aspekte des Massenbezugs totalitärer Parteien angesprochen, aber wir müssen hier auch noch einen kurzen Hinweis auf ihre innere Struktur geben: Sowohl die Bolschewiki als auch die NSdAP waren bereits sehr früh straff hierarchisch strukturierte und von *einer* Spitze quasi diktatorisch geführte Gruppen. Zwar waren die Wurzeln der Organisationsprinzipien beider Parteien recht verschieden (charismatisches Führerprinzip/Lenins Konzeption des "demokratischen Zentralismus"), und dies bedingte, daß in Hitlers innerparteilicher Stellung ganz früh schon das Befehlsprinzip über das demokratische Prinzip der Wahl und Diskussion triumphierte; aber auch Lenins Position ragte bereits frühzeitig aus den Spitzengremien der bolschewistischen Partei heraus, und spätestens nach der Revolution läßt sich auch diese Partei als

"Führerpartei", die einen entsprechenden Führerkult ausbildete, bezeichnen.

2. Primat der Partei über die Staatsapparate

Das zweite Merkmal von "totalitärer Diktatur" baut auf dem ersten (Einparteiendiktatur) auf: Es ist dies die Unterwerfung und Auflösung des klassischen staatlichen Institutionengefüges (Militär, Staatsbürokratie, Justiz) durch die Partei, der Primat von Parteiorganisationen über die Staatsapparate. Es ist auch dieses Merkmal, das es gestattet, den italienischen Faschismus als "nicht-totalitär" zu bezeichnen, denn hier entwickelte sich ein Unterordnungsverhältnis der Partei unter die Staatsexekutive (vgl. Bach 1990, 40), wurde die Tätigkeit von Parteiorganisationen primär auf Propagandaaufgaben beschränkt, während sowohl für den Sowjetkommunismus als auch den Nationalsozialismus eine Dominanz von Parteiformationen über den Staat charakteristisch wurde. In beiden Prototypen des Totalitarismus war dieses Prinzip freilich auf sehr unterschiedlichen Stufen verwirklicht: während in der Sowjetunion der alte zaristische Staatsapparat vollständig zerschlagen wurde und die neuen sowjetischen Staatsinstitutionen faktisch - trotz formal aufrechterhaltener Trennungen - Elemente des allumfassenden Parteisystems waren, standen sich im Nationalsozialismus Partei- und Staatsapparate - trotz vielfältiger gegenseitiger Durchdringungsprozesse - längere Zeit zunächst gegenüber, und dieser Dualismus äußerte sich in unzähligen Kompetenzkonflikten und Rivalitäten (vgl. hierzu v.a. Broszat, 1969), aber auch im Neben- und Gegeneinander normen- und "maßnahmestaatlicher" Herrschaftspraktiken (vgl. Fraenkel 1984). Freilich gewannen dann ab Kriegsbeginn die Sonderexekutivapparate der Partei ein immer deutlicheres Machtübergewicht über die staatlichen Institutionen, deren alte bürokratische

Struktur sich in diesem Prozeß zunehmend auflöste (vgl. Bach 1990).[17]

3. Herausbildung einer despotischen Stellung des Parteiführers

Wir schrieben bereits, daß wir den Begriff der "totalitäten Diktatur" nur für bestimmte Phasen des sowjetkommunistischen und nationalsozialistischen Systems verwenden wollen, und wir meinen damit die Phasen, in denen die Parteiführer eine *despotische* Stellung erlangten. Dies war in der Sowjetunion die Ära des Stalinismus (ab Ende der 20er bis Mitte der 50er Jahre) und in Deutschland die Zeit etwa ab Kriegsbeginn.[18] Ein Mechanismus zu einer despotischen Führerstellung war in beide Diktaturen von vornherein eingebaut, er steckte im einen Fall in Lenins Parteikonzeption selbst (vgl. Kolakowski, Bd. 2, 1977) und im anderen in der *charismatischen* Legitimierung Hitlers, die von den frühen Anfängen der NSdAP bis zum Ende die wichtigste Basis seiner diktatorischen Macht der Partei war (vgl. Bach 1990).

Wichtig ist, daß in beiden Diktaturen die despotische Stellung des Parteiführers keineswegs auf der Basis einer

[17] Das hier nur knapp skizzierte Merkmal totalitärer Diktatur - der Primat der Partei über den Staat - läßt einige Zentralaussagen in Max Webers Herrschaftssoziologie als antiquiert erscheinen, durch Erfahrungen des 19. Jahrhunderts bestimmt. Weber ist in seiner Bürokratietheorie davon überzeugt, nach modernen Revolutionen würde der bürokratische Apparat von den Revolutionären "übernommen", würde man sich seiner "bedienen".

[18] Die Ansicht Hans Mommsens, Hitler sei ein "in mancher Hinsicht schwacher Diktator" (1986) gewesen, ist mittlerweile häufig mit guten Gründen widerlegt worden. Wir halten die zur Stützung dieser These von manchen "Funktionalisten" herausgestellten "polykratischen", "chaotischen" Züge des nationalsozialistischen Herrschaftssystems gerade für eine Voraussetzung der despotischen Machtentfaltung Hitlers.

monolithischen Struktur der Machtapparate entstand, sondern korrelativ zu einer massiven Expansion anomischer Verhältnisse im Macht- und Gesellschaftssystem. Dieser Zusammenhang ist von der frühen Totalitarismustheorie (v. a. Hannah Arendt) oftmals angedeutet worden, und er soll hier zunächst mit einigen sehr abstrakten Hinweisen skizziert werden: In beiden Systemen kam es sehr rasch zur Vervielfältigung, Aufblähung, aber auch Verselbständigung der Machtapparate, zu einer pluralistischen Auffächerung des Machtsystems, die durch Konkurrenzkämpfe um die Vergrößerung des Machtpotentials der einzelnen Apparate forciert wurde. Mit der "Multiplikation" (H. Arendt), Konkurrenz und Verselbständigung der Machtapparate gingen Prozesse der Desinstitutionalisierung einher, Aufweichungen der zwischen und in ihnen gültigen Normen: Die Ausweitung und Vervielfältigung der Machtapparate ging nicht mit einer Spezifizierung ihrer Kompetenzen einher, sondern führte zur "totalitären Anarchie" (Schulz 1962 in: Bracher/Sauer/Schulz 1967, 376). Die bisher genannten Aspekte (Vervielfältigung, Konkurrenz, Desinstitutionalisierung der Machtapparate) sind für den Nationalsozialismus oftmals belegt worden, charakterisieren aber in noch krasserer Form die Anfänge der "stalinistischen" Epoche in der Sowjetunion (vgl. Siegel 1992), und es waren derartige anomische Entwicklungen im Machtsystem, die das Machtgewicht des Parteiführers außerordentlich erhöhten. Er - als unaustauschbare Person - bewirkte die Integration der auseinanderstrebenden Machtapparate, es war die in und zwischen ihnen sich entfaltende Strukturlosigkeit, die seinen "Willen" zum einzigen Fixpunkt werden ließ und ihm despotische Entfaltungschancen gab. Der Zusammenhang zwischen einer zunehmenden Formlosigkeit des Machtsystems und der Entwicklung einer despotischen Stellung des Parteiführers läßt sich für beide Diktaturen aufweisen, aber die Ursachen für diese Entwicklung waren doch sehr verschieden: In Deutschland bewirkte der Krieg - die Ausnahmesituation par exzellence - eine Verschärfung des Konfliktpotentials zwischen den vielen Machtapparaten, aber zugleich eine Intensivierung und Ausdehnung der charismatischen Züge des Machtsystems (vgl. Bach 1990), eine zunehmend bedingungslosere Ausrichtung aller Organisationen auf den charismatische legitimierten "Führerwillen", dem dadurch die Chance zur Vewirklichung seiner zentralen "Weltanschauungsziele" mittels seiner Sonderexekutivapparate erwuchs. In der Sowjetunion dagegen waren es die miteinander verknüpften Prozesse der Zwangskollektivierung der Landwirtschaft und der forcierten Industrialisierung, die massive, unvorhergesehene Probleme schufen und das Konfliktpotential innerhalb des Machtsystems potenzierten (vgl. hierzu Siegel 1992). Dies war die Grundbedingung für die Ausbildung der despotischen Herrschaftspraktiken Stalins, die in der "Großen Säuberung" von 1937/38 kulminierten.

4. Uniformierung der Gesellschaft

Viertes Grundmerkmal von "totalitärer Diktatur" ist die weitgehende Durchdringung, Kontrolle und Uniformierung gesellschaftlicher Lebensbereiche durch Parteiorganisationen, die Einebnung der für demokratische Systeme konstitutiven Differenz zwischen politischer und gesellschaftlicher Sphäre.

Vor allem im Alltagsgebrauch des Begriffs rangiert dieses Merkmal meist an erster Stelle, wird dabei aber häufig recht undifferenziert verwendet. Typisch ist etwa eine Tendenz zur Gleichsetzung von "totalitärer Diktatur" mit "totaler Herrschaft", wobei man dann an "monolithisch geschlossene" Systeme denkt, in denen sozusagen jeder Aspekt des Alltags - etwa im Sinne von George Orwells "1984" - von der allmächtigen Partei durchnormiert und kontrolliert wird. Freilich sind derartige Assoziationen unangemessen, totalitäre Diktaturen haben nichts mit total durchnormierten Systemen zu tun, sind keineswegs

eine sozusagen überdimensionale Ausgabe einer Kasernenhofordnung. Typisch ist vielmehr der große Bereich der Normlosigkeit in diesen Diktaturen, und man kann sehr wohl sagen, daß die Intensität und das Ausmaß gesellschaftlicher Beherrschung im genauen Verhältnis zum Grad der Normlosigkeit steigt.
Nicht nur die Gleichsetzung von "totalitärer Diktatur" mit einem extrem durchnormierten System ist falsch, sondern auch mit dem Begriff der "totalen Herrschaft". Dem Wortsinne nach meint "totale Herrschaft" eine die Gesamtheit des Tuns und Denkens umfassende Beherrschung, aber derartiges war noch nicht einmal in den Konzentrationslagern möglich.

Man darf nicht übersehen, daß der Nationalsozialismus und der Sowjetkommunismus verschiedene Stufen der Beherrschung der Gesellschaft verwirklicht haben, und hieraus ergibt sich ein wesentlicher Unterschied zwischen beiden Diktaturen: Die allumfassende Regulation der ökonomischen Sphäre durch die Partei ist nur dem Kommunismus eigen und verweist darauf, daß im kommunistischen Totalitarismus die Massierung zentraler Machtquellen in den Händen einer Gruppe gegenüber der Machtkonzentration im Faschismus noch potenziert ist. Im Kommunismus sind alle *drei* wesentlichen Machtbefugnisse in den Händen einer Gruppe konzentriert (die politischen Zwangsmittel, die Mittel zur Produktion und Verbreitung von Ideologie und die Produktionsmittel), was eine exzeptionelle, in der Geschichte ihresgleichen suchende Macht-Monopolisierung bedeutet. Im Faschismus dagegen wird über die Produktionsmittel noch weitgehend privat verfügt, eine eigenständige Eigentümerklasse wirkt hier noch begrenzend auf die Machtmöglichkeiten der Partei ein (zu diesem wichtigen Unterschied und seinen Konsequenzen vgl. Nowak 1987). Hinsichtlich des Beherrschungsgrades der Gesellschaft unterscheiden sich Nationalsozialismus und Sowjetkommunismus qualitativ, aber hinsichtlich der beiden folgenden Merkmale - Ideologie und Terror - treten die Ähnlichkeiten wieder plastischer hervor.

5. Ideologie

In fast allen Totalitarismustheorien wird einem Faktor - "Ideologie" - eine herausgehobene Bedeutung für die Unterscheidung der totalitären Diktatur von anderen Diktaturformen zugesprochen. "(Ideologie) ist nicht einfach ein weiteres Merkmal neben anderen, sondern sie gibt den verschiedenen Merkmalen ihren funktional-strukturellen Stellenwert im Gesamtzusammenhang" (Lieber 1985, 109). Dabei wird meist betont, daß sich die für den Totalitarismus charakteristischen Ideologien wesentlich von Rechtfertigungslehren zur Erhaltung einer bestehenden Struktur unterscheiden, und deshalb wird auch fast immer von "totalitärer" Ideologie gesprochen (vgl. Z. B. Friedrich 1957, 27). Die Totalitarismustheorien haben vor allem die *formale Struktur* totalitärer Ideologien offengelegt und damit allererst Vergleichsmöglichkeiten der inhaltlich völlig gegensätzlichen kommunistischen und nationalsozialistischen Ideensysteme geschaffen. Ich halte drei Elemente dieses Ideologietypus für zentral:

a) Totalitäre Ideologien sind dogmatische, in sich geschlossene, andere Deutungsmuster rigoros ausschließende Systeme zur Universalerklärung der Wirklichkeit. Die gesamte vergangene, gegenwärtige und zukünftige gesellschaftliche Wirklichkeit wird aus wenigen Grundaxiomen "abgeleitet" (Produktionsverhältnisse, Klassenkampf, Rasse, Rassenkampf), wobei diesen Grundaxiomen der Rang "wissenschaftlich bewiesener Wahrheiten" zugesprochen wird (vgl. hierzu H. Arendt).

b) Totalitäre Ideologien sind aber nicht nur pseudo-wissenschaftliche *Deutungssysteme*, sondern wesentlich *Aktionsprogramme*: Sie formulieren ein Zukunftsideal, eine Utopie, und zugleich die zur Verwirklichung dieses Ziels "notwendige" *Praxis*. Totalitäre Ideologien sind Lehren zur radikalen Umgestaltung der Gesellschaft im Hinblick auf einen "Heilszustand". Dieses Heilsziel - so die typische Konstruktion - entspreche dem "eigentlichen Willen" des eigenen Kollektivs, seiner - durch eine Gesetzlichkeit der Geschichte vorgegebenen - Mission. Seine historische Mission zu erkennen, sei der Eigengruppe bisher aber aufgrund bestimmter Umstände verwehrt gewesen, sie habe erst von den Machthabern ans Licht gebracht und als Gesetz und Ziel verkündet werden können. Totalitäre Ideologien beruhen also auf einem Identifikationsschematismus (vgl. Lieber, ebda. 111) zwischen Führungs- und Volkswillen,[19] behaupten, in "der Partei/dem Führer" sei das Kollektiv als Willens- und Aktionseinheit verkörpert; und sie laufen zwangsläufig auf die Errichtung einer Erziehungsdiktatur hinaus: "Das Volk" bedarf zur Erkenntnis seines "wirklichen Willens" der Anleitung und Schulung durch die Monopolisten der Wahrheit.

c) Konstitutiv für totalitäre Ideologien ist ein unüberbrückbarer Freund-Feind-Gegensatz, eine radikale Zweiteilung der Welt in Gut und Böse, die in den Exzeßzeiten totalitärer Regime typischerweise in der manichäischen Metaphorik von Licht und Finsternis ausgemalt wird.[20] Wichtig ist dabei, daß die "Feindgruppe" in totalitären Ideologien primär als Träger "objektiv feindlicher" Eigenschaftsbündel konstruiert wird (vgl. H. Arendt 1962), deren feindliches Tun weniger Ergebnis eines bösen Wollens, sondern ihres (sozialen oder biologischen) "Seins" sei. Deshalb postuliert die Ideologie die gewalttätige

---

[19] Ein derartiger Identifikationsschematismus bestimmt bereits Rousseaus Demokratiekonzeption, eine der einflußreichsten der Neuzeit, die man mit guten Gründen als eine Vorform totalitärer Ideologie auffassen kann.

[20] Dieses Merkmal, ein Begriff vom absoluten Feind, ist von höchster Wichtigkeit. Wo es fehlt, können Diktaturen die Schwelle zum Totalitarismus nicht überschreiten. U.a. auch deshalb war der italienische Faschismus, der keine Lehre vom absoluten Feind kannte, nicht totalitär.

Ausschaltung des Feindes auch eher als einen Akt der "objektiven Notwendigkeit", als eine Grundvoraussetzung zur Verwirklichung des Heilsziels, und deshalb braucht sich auch gegen einzelne, der Feindkategorie zugeordnete Menschen nicht unbedingt Haß zu richten. Freilich wirken die abstrakten "Kategorien" von Gut und Böse nur in der Denkwelt der "Intellektuellen", der Schöpfergruppe totalitärer Ideologien. Die massenpropagandistische Durchsetzung der Freund-Feind-Polarität hingegen bedarf der Einpeitschung von Haß- und Angstgefühlen, die eine Gewaltbereitschaft erzeugen und kanalisieren sollen.

Wir haben nunmehr die wichtigsten Elemente der formalen Merkmalsstruktur von "totalitärer Ideologie" entwickelt, und wir wollen abschließend darauf hinweisen, daß derart geformte Ideensysteme unschwer als eine moderne Variante *utopischen* Denkens bestimmbar sind (vgl. Fest 1991). Hier werden heilsgeschichtliche Konstruktionen mit Grundelementen der Moderne (Säkularisierung, Verwissenschaftlichung, Eintritt der "Massen" in die Politik) verknüpft, und es ist diese eigenartige Vermengung uralter mit spezifisch modernen Motiven, die die Anziehungskraft derartiger Systeme, ihre Funktion als *Religionsersatz*, erklären könnte.

Die bisher entwickelte formale Struktur totalitärer Ideologien ist unschwer anhand des "Marxismus-Leninismus" inhaltlich konkretisierbar, und meistens wird die kommunistische Variante totalitärer Ideologie in den Totalitarismustheorien auch angemessen behandelt. Hinsichtlich der nazistischen "Version" findet man oftmals nur unzureichende Bestimmungen, weshalb die Verwendung des Totalitarismus-Begriffs für den Nationalsozialismus manchmal nicht ganz überzeugt. Von den "Klassikern" dieser Theorie ist freilich Hannah Arendt zu einer unseren Auffassungen nahekommenden Deutung gelangt (vgl. Pohlmann 1992, 117 ff.), aber selbst bei C. J. Friedrich finden sich Einsichten in die nationalsozialistische Ideologie, die denjenigen vieler Kritiker der Totalitarismustheorie überlegen sind. So erkennt er die bei Hitler in ein System gebrachten drei Grundbestandteile des Nationalsozialismus, den Rassismus, Antikommunismus und Antisemitismus (vgl. 1957, 45); und er begründet einleuchtend, inwiefern die "partikularistische" Form des nazistischen Heilsziels die Unterlegenheit dieser Ideologie unter die "universalistische" des Kommunismus begründet (vgl. ebda. 30). Auch die wichtigste Ursache für den deutlich niedrigeren Grad der Systematisierung dieser Ideologie und das geringere Institutionalisierungsniveau der "Bewegung" wird zutreffend auf die *charismatische* Ausrichtung des Nationalsozialismus zurückgeführt.

6. Terror

Ein den bisher entwickelten Merkmalen von "totalitärer Diktatur" sich gleichsam "logisch" anschließendes Zentralelement ist der *Terror*, dessen Vollstreckung eine der wichtigsten Aufgaben der Sonderexekutivapparate der Partei ist. Unter "Terror" soll dabei etwas anderes verstanden werden als unmenschliche Bestrafungen *normwidrigen* Tuns, die es natürlich zuhauf in totalitären Diktaturen gibt. "Terror" meint eine vom Tun und Lassen - sogar der "Gesinnung" - der Unterdrückten unabhängige Gewaltpraxis "von oben", die Durchtrennung des Bandes zwischen Handeln und "Strafe". Freilich geht der spezifisch totalitäre Terror im Begriff der - ebenfalls vielfältig praktizierten - *Gewaltwillkür* nicht auf. Eines der Hauptcharakteristika des *totalitären* Terrors ist, daß er sich zwar gegen "Unschuldige" im Sinne juristischer Normen, aber keineswegs gegen Unschuldige im Sinne der von den totalitären Ideologien formulierten "Gesetze der Geschichte" (vgl. H. Arendt 1962) richtet. Gemessen an diesen Geschichtsgesetzen sind viele Terroropfer "schuldig", qua Klassen- oder "Rassenzugehörigkeit" "objektive Feinde" der eigenen Gruppe und des ihr vorgegebenen Heilsziels.

Der hier zugrunde gelegte normsoziologische Begriff des Terrors bietet auch ein wichtiges Kriterium zur zeitlichen Begrenzung der totalitären Phase des kommunistichen Systems in der Sowjetunion. Etwa ab Mitte der 50er Jahre wandelte sich der Sowjetkommunismus auch gerade deswegen zu einem "posttotalitären" System, weil die Terrorausübung massiv zurückging und Repressionsmaßnahmen sich *vor allem* auf die Verfolgung und Einschüchterung *tatsächlichen* oppositionellen Handelns beschränkten (vgl. z.B. Siegel 1992).

Das bisher entwickelte "Syndrom" hat zentrale Elemente der totalitären Diktatur als einer neuartigen Herrschaftsform zumindest in Umrissen sichtbar gemacht, und einige Hinweise zur Spezifizierung der beiden Formen des Totalitarismus wurden auch gegeben. Freilich ist deutlich, daß der Erkenntniswert eines derartigen Merkmalskomplexes noch sehr gering ist: Es handelt sich dabei lediglich um erste Ansätze einer deskriptiv-klassifizierenden Erfassung des Phänomens, die zudem noch den Eindruck erwecken könnten, "totalitäre Diktatur" könne als "statische Struktur", geordnetes Institutionengefüge, dauerhafte "neue Staatsformen" verstanden werden. Übrigens legt Friedrichs ganze Theorie ein solches Mißverständnis nahe, aber wir haben oftmals hervorgehoben, daß wir "totalitäre Diktatur" wesentlich als einen *zeitlich begrenzten Prozeß* innerhalb der beiden ideologisch bestimmten Einparteiendiktaturen verstehen wollen. "Totalitäre Diktatur" sollte als ein dynamisch-destruktiver Prozeß verstanden werden, der im Sowjetkommunismus und im Nationalsozialismus einige Zeit zu seiner Entfaltung brauchte und der in der Sowjetunion wieder verebbte und einem autoritär-bürokratisch erstarrten System (vgl. Dahrendorf 1990, 20) Platz machte.

Literatur

H. Arendt: Elemente und Ursprünge totaler Herrschaft. Frankfurt 1962.

M. Bach: Die charismatischen Führerdiktaturen. Baden-Baden 1990.

U. Backes: Totalitarismus - ein Phänomen des 20. Jahrhunderts? In: Th. Nipperdey u.a. (Hg.), Weltbürgerkrieg der Ideologien. Antworten an Ernst Nolte. Frankfurt/Berlin 1993.

F. Borkenau: The Totalitarian Enemy. London 1940.

K. D. Bracher: Zeitgeschichtliche Kontroversen um Faschismus, Totalitarismus, Dennokratie. München 1976.

M. Broszat: Der Staat Hitlers. München 1969.

R. Dahrendorf: Betrachtungen über die Revolution in Europa. Stuttgart 1990.

J. C. Fest: Der zerstörte Traum. Berlin 1991.

E. Fraenkel: Der Doppelstaat. Frankfurt 1984.

C. J. Friedrich: Totalitäre Diktatur. Stuttgart 1957.

M. Funke: Erfahrung und Aktualität des Totalitarismus - Zur definitorischen Sicherung eines umstrittenen Begriffs moderner Herrschaftslehre, in: K. Löw (Hg.), Totalitarismus. Berlin/München 1988.

M. Jänicke: Totalitäre Herrschaft. Berlin 1971.

I. Kershaw: Der NS-Staat. Reinbek bei Hamburg 1988.

L. Kolakowski: Die Hauptströmungen des Marxismus, Bd. 2. München/Zürich 1977.

R. Kühnl: Faschismustheorien. Reinbek bei Hamburg 1979.

H. J. Lieber: Ideologie. Paderborn 1985.

H. Mommsen: Nationalsozialismus oder Hitlerismus, in: W. Wippermann (Hg.), Kontroversen um Hitler. Frankfurt 1986.

E. Nolte (h.), Theorien über den Faschismus. Königstein 1979.

L. Nowak: E Model of Socialist Society, in: Studies in Soviet Theoght 34.

F. Pohlmann: Ideologie und Terror im Nationalsozialismus. Pfaffenweiler 1992.

K. Popper: Der Zauber Platons. Bern 1957.

A. Siegel: Die Dynamik des Terrors im Stalinismus. Pfaffenweiler 1992.

K. D. Bracher, W. Sauer, H. Schulz: Die nationalsozialistische Machtergreifung. Opladen 1962.

J. L. Talmon: The Origins of Totalitarian Democracy. London 1961.

W. Wippermann: Faschismustheorien. Darmstadt 1975.

Feindbilder im Vergleich - "Faschismus" in der kommunistischen und "Bolschewismus" in der radikalfaschistischen Ideologie[21]

Es ist interessant und lehrreich, die Feindbilder in der frühen kommunistischen und der radikalfaschistischen Ideologie miteinander zu vergleichen. Zwar dürfen wir in beiden Ideologien keine wissenschaftlich gehaltvollen Aussagen über den Faschismus bzw. Kommunismus erwarten, wir können aber sehr wohl wissenschaftlich Gehaltvolles aus ihnen erschließen. Indem wir nämlich untersuchen, wie beide ihre Gegner bestimmen, öffnen sich uns zentrale Elemente des *Selbstverständnisses* dieser Bewegungen, ihrer ideologischen Prämissen und Ziele, die in ihren Feindbildern ihre charakteristischste Ausprägung aufweisen. Und es sollte zusätzlich bedacht werden, daß geschichtsmächtige Ideologien auch in ihren Feindbildern keineswegs *nur* als Phantasieprodukte begriffen werden dürfen, sondern daß ihre "Bilder vom Feind" immer auch mehr oder weniger starke, emotional geladene Überzeichnungen von Wirklichkeitsverhältnissen einschließen, Merkmale, die - nach Entfernung ihrer Bewertungen und gedanklichen Zuspitzungen - auch wissenschaftlich relevant sein können. Eines dieser Elemente sei hier bereits benannt: Beide Ideologien treffen sich in ihrer Behauptung, daß die Entstehung faschistisher Bewegungen ohne die kommunistische undenkbar sei, daß der Faschismus eine "Reaktion" auf den Kommunismus darstelle.

---

[21] Vorlesung, gehalten im Frühjahr 1992 an der Universität Freiburg.

I. Grundmerkmale des frühen kommunistischen Faschismusbegriffs

Ich will im folgenden zunächst die Zentralmotive der kommunistischen Faschismustheorie in der Zeit nach dem Ersten Weltkrieg bis etwa 1936 (vgl. zum folgenden die ausführliche Analyse in Pohlmann 1992, 29ff.) skizzieren. Ich beginne mit dem "harten Kern" des kommunistischen Faschismusbegriffs, seiner Grundstruktur. "Harter Kern" des parteikommunistischen Faschismusbegriffs ist nicht - wie häufig behauptet - die enge Beziehung zwischen Kapitalismus und Faschismus, sondern zwischen *kommunistischer* und faschistischer Bewegung. Der Faschismus wird aus der Perspektive der eigenen Revolutionstheorie in den Blick genommen, er erscheint als konterrevolutionäre Gegenbewegung gegen einen in der kapitalistischen Entwicklung zwangsläufig entstandenen und "letztlich" siegreichen revolutionären Prozeß. Jede frühe kommunistische Faschismustheorie variiert diesen Zusammenhang. Die Gegenwart wird durchgängig als "Verfallszeit des Kapitalismus" und als "Epoche der proletarischen Weltrevolution" definiert, die den Faschismus als ihren Widerpart erzeugt. Dabei verdient freilich Interesse, daß der Faschismus zunächst nur als konterrevolutionärer "Nebenfeind" begriffen wurde. Er rückte erst mit Stalins Kehrtwendung zur "antifaschistischen Volksfrontpolitik" zum mächtigsten und gefährlichsten Faktor eines internationalen konterrevolutionären Prozesses auf. Kurz: Der Faschismusbegriff der kommunistischen Internationale impliziert, daß der Faschismus nur im Verhältnis zur kommunistischen Internationale selbst - als Reaktion auf ihre "weltrevolutionäre" Ideologie und Praxis - bestimmbar sei. Die Grundstruktur dieses Begriffs läßt sich in einem dreigliedrigen Entwicklungsschema ("Niedergang des Kapitalismus" - "Revolution" - "Konterrevolution") zusammenfassen: Die Kommunisten definierten die Gegenwart als "Verfallszeit" des Kapitalismus, die, im Zusammenhang mit dem Sieg der Bolschewiki von 1917, eine völlig neue weltgeschichtliche Epoche entbinde - die historisch vorbestimmte, aber von "der Partei" planmäßig "vollstreckte" internationale revolutionäre Transformation des kapitalistischen Systems. Die faschistischen Bewegungen werden als konterrevolutionäre Instrumente des Hauptgegners gedeutet, als diktatorisch-terroristischer Versuch "des Kapitals", die revolutionäre Avantgarde zu zerschlagen und das zum Untergang verurteilte kapitalistische System künstlich am Leben zu erhalten. "Der Platz des Faschismus in der Geschichte ist der letzte verzweifelte Kampf, der sich der Weltrevolution nähert...", schreibt noch 1934 Karl Radek (K. Radek, in: Pirker 1966, 182.)

Schaut man sich parteikommunistische Faschismustheorien der 20er und 30er Jahre nur im Hinblick auf das gerade skizzierte Zentralmotiv an, so erkennt man folgende Entwicklungen: Der Revolutionsoptimismus der Kommunisten bleibt - zumindest in der Theorie - bis etwa Mitte der 30er Jahre erhalten, und dies, obwohl die europäische Wirklichkeit hierzu zunehmend weniger Anlaß gab (Scheitern aller revolutionären Umsturzversuche Anfang der 20er Jahre, die Etablierung des faschistischen Systems in Italien und Hitlers Machtergreifung 1933). Mit dieser Revolutionsgewißheit hängt auch zusammen, daß bis etwa 1934 die Beziehungen zwischen Kommunismus und Faschismus primär als *intra*staatliche Auseinandersetzung begriffen wurde. Zwar habe der Faschismus in Deutschland und Italien die Macht ergriffen, aber dies sei - so wurde nicht selten behauptet - der kommunistischen Machtübernahme nur kurzfristig abträglich. Es gab sogar Kommunisten, die die faschistischen Machtübernahmen als Beschleunigungsfaktoren des Revolutionsprozesses werteten. So etwa Karl Radek, der 1934 die Liquidierung der SA-Führung nicht nur als "Beweis" für das Aufbrechen der "inneren Widersprüche" zwischen den "Drahtziehern" des Faschismus - dem Monopolkapital - und ihrem "Instrument" - der von der SA repräsentierten kleinbürgerlich-antikapitalistischen "Masse" - begriff, sondern auch aufzuweisen versuchte, daß der faschistische Terror gegen "das Proletariat" dessen revolutionäre Kampfesbereitschaft durch "Tötung" "reformistisch-demokratischer Illusionen" (vgl. Radek, in Pirker, 1966, 182) fördere. Ganz ähnlich, nur "geschichtsphilosophischer", äußerte sich Dimitroff, der bulgarische KP-Führer im Jahre 1935: "Der Faschismus, der als Folge des Niedergangs des kapitalistischen Systems aufgetaucht ist, wirkt also letzten Endes als Faktor seiner weiteren Zersetzung... So führt der Faschismus...infolge der Dialektik des Lebens und des Klassenkampfs zu einer weiteren Entwicklung jener Kräfte, die seine Totengräber, die Totengräber des Kapitalismus sein müssen" (Dimitroff, 1935, 30).

Erst ab 1935 wurde die Gefahr, die von den faschistischen Systemen für den Kommunismus ausging, realistischer wahrgenommen, und der weiterhin offiziell verkündete Revolutionsoptimismus wirkte zunehmend aufgesetzter. Das deutlichste Anzeichen hierfür war Stalins Schwenk zur "antifaschistischen Volksfrontpolitik", mit welcher zugleich das Verhältnis von Kommunismus und Faschismus als ein für den Kommunismus höchst gefährliches *interstaatliches* Verhältnis umdefiniert wurde. Hören wir Dimitroff: "Der deutsche Faschismus spielt die Rolle des Stoßtrupps der internationalen Konterrevolution, des Hauptanstifters des imperialistischen Krieges, des Initiators eines Kreuzzugs gegen die Sowjetunion, das große Vaterland der Werktätigen der ganzen Welt" (Dimitroff 1935, 7). Die Annahme, daß sich mit der Konsolidierung des Nationalsozialismus die Verschränkung von Revolution und Konterrevolution im todfeindlichen Bezug zweier Länder kristallisiert habe, daß der "Stoßtrupp der internationalen Konterrevolution" zum Angriff auf das "Zentrum der Revolution" übergehen könne, ist die Basis der neuen Strategie. "Die ganze Umstellung des Arsenals der Propaganda und politischen Strategie verfolgte vor allem einen Zweck: größere Sicherheit für die Sowjetunion. Dabei ist besonders bemerkenswert, daß aus demselben Bedürfnis nach erhöhter Stabilisierung der Sowjetmacht, das außenpolitisch die Volksfront-Propaganda mit ihren Friedensbeteuerungen und versöhnlichen Gesten gegenüber den westlichen Demokratien auslöste, innenpolitisch eine neue, mit radikalsten Methoden geführte Periode der Ausschaltung aller Gegenkräfte Stalins folgte." (Pirker 1966, 69).

Wir fassen das erste Grundmerkmal des kommunistischen Faschismusbegriffs noch einmal zusammen: "Faschismus" wird wesentlich als radikale Gegenbewegung gegen den internationalen Kommunismus, gegen die revolutionäre Bewegung und Ideologie von "1917" bestimmt, und wir halten zumindest dieses Merkmal des kommunistischen Faschismusbegriffs für angemessen. "Nur vor der Folie des internationalen Kommunismus sind die seit dem Ersten Weltkrieg in Italien, Deutschland und anderen Ländern aufkommenden geschichtlichen Erscheinungsformen des Faschismus überhaupt definierbar." (Pirker 1966, 9). Dies bedeutet auch, daß es gerade im Sinne des kommunistischen Faschismusbegriffs voll gerechtfertigt ist, Hitler, den Führer der radikalsten Form des Faschismus, als "Anti-Lenin" zu bezeichnen, wie es Ernst Niekisch in seinem 1935/36 verfaßten und 1953 erschienenen "Reich der niederen Dämonen" (vgl., 43) erstmals getan hat. Freilich ist es reine Mythologie, wenn im kommunistischen Faschismusbegriff

"Faschismus" darüberhinaus als "letzte" und massivste Gegenwehr "des Kapitals" gegen eine feststehende, von der Komintern planmäßig vollstreckte historische Entwicklung begriffen wird; als diktatorisch-terroristischer Versuch des Hauptgegners ("des Kapitals"), in der "Epoche der Internationalen proletarischen Revolution" das zum Untergang verurteilte kapitalistische System künstlich am Leben zu erhalten.

Das *zweite* Grundcharakteristikum des frühen parteikommunistischen Faschismusbegriffs, das wir nunmehr skizzieren wollen, ist die Tendenz zu seiner immer stärkeren Ausweitung auf alle möglichen ideologischen und politischen Gegner, eine Ausweitung, in der sich die kommunistische Totalfeindschaft gegen das gesamte demokratische System und alle demokratischen Staaten niederschlug. Zwar gab es in den frühen zwanziger Jahren noch durchaus differenzierte und bedenkenswerte Faschismus-Deutungen, wie etwa diejenige Clara Zetkins (vgl. Pohlmann 1992, 34ff.), aber ab etwa 1924 bahnte sich dann doch deutlich die Wende zu einem mythischen Faschismusbild an, das zum Zentralbestandteil der offiziellen Kominternlinie wurde, von der abzuweichen für Parteikommunisten eine immer größere Gefahr bedeutete, als "Verräter" stigmatisiert zu werden. Der Faschismus-Mythos der Komintern erwuchs auf der Fiktion einer sowohl innen- als auch außenpolitisch radikal zweigeteilten Welt, in der nur die Kommunisten das gute, fortschrittliche Prinzip der Geschichte, alle anderen hingegen das Böse, das "faschistische" Gegenlager verkörperten. Auf dem 5. Weltkongreß der Komintern im Jahre 1924 wurde die Wendung zu diesem mythischen Faschismusbegriff, der alle Nichtkommunisten zu Feinden erklärte, vollzogen. Im dritten Absatz einer dort verabschiedeten Resolution heißt es: "Bei fortschreitendem Zerfall der bürgerlichen Gesellschaft nehmen alle Parteien, insbesondere die Sozialdemokratie einen mehr oder weniger faschistischen Charakter ein... Der Faschismus und die Sozialdemokratie sind die beiden Seiten ein und desselben Werkzeugs der kapitalistischen Diktatur." (Vgl. in Pirker 1966, 124). Diese Sozialfaschismusthese leitete eine innenpolitische Totalpolarisierung ein, und es war lange Zeit die SPD, gegen die sich die ideologische Feindschaft der Kommunisten mit besonderer Vehemenz richtete. So sind repräsentative Äußerungen von Kommunisten seit 1928 von unverstelltem Haß bestimmt. 1931 schrieb z.B. der Kominternführer Knorin in der "Roten Fahne": "Man kann gegen den Faschismus nur kämpfen, indem man einen Vernichtungskampf gegen die Sozialdemokratie führt", und im Januar 1930 war dort zu lesen: "Kommunist sein heißt, Todfeind des Sozialfaschismus zu sein" (zitiert nach H. Weber 1969, 239f.).

Die innenpolitische Totalpolarisierung, die sich in der Sozialfaschismusthese besonders krass niederschlug, ging bei der KPD mit einer außenpolitischen einher, in der tendenziell alle Staaten als faschistisches Gegenlager der Sowjetunion - dem Hort des Guten, der Revolution - begriffen wurden. Damit war ein Weltbild entstanden, das aller Differenzierungen ermangelte, eine fiktive Frontstellung zwischen "Kommunismus" und "imperialistischem Faschismus", in der die verschiedenen Gegner des sowjetischen Kommunismus den Charakter einer "mythischen Gegenmacht" (Pirker ebda., 65) angenommen hatten. Pirker schreibt in diesem Zusammenhang treffend, daß der Nationalsozialismus, der später zur großen Gegenmacht werden sollte, "in den Stalinschen Mythos (paßte), als wäre er ihm entsprungen" (ebda., 65).

II. Elemente des nationalsozialistischen Kommunismusbildes

Der parteikommunistische Faschismusbegriff ist, so konnten wir aufzeigen, von überwältigender Simplizität, und er ist - als Dogma einer von einem Zentrum straff geführten internationalen Partei - ein vollkommen einheitliches Gebilde. Daß faschistische Auffassungen von Kommunismus viel heterogener sind, liegt auch daran, daß die faschistischen Bewegungen ideologisch viel uneinheitlicheren Charakters waren und nie einen vergleichbaren Grad organisatorischer Zentralisierung entwickelten. Auch gab es große Unterschiede in der biographischen Entwicklung führender Männer faschistischer Bewegungen, wobei der Tatbestand besonders aufschlußreich ist, daß einige zuvor führende Mitglieder sozialistischer oder kommunistischer Parteien waren (z.B. Mussolini oder Jacques Doriot, bis 1934 zweiter Mann der kommunistischen Partei Frankreichs und dann Chef der Parti populaire français). Diese Männer, die von "links" zum Faschismus kamen und innerhalb dieser "rechten" Bewegung "linke" Strömungen repräsentierten (ähnlich wie der Strasser-Flügel der NSdAP), hatten sich zwar auch zu radikalen Antikommunisten entwickelt, aber ihr Antikommunismus mußte zwangsläufig andere Züge als derjenige Hitlers oder Rosenbergs aufweisen, die den "rechten" Extrempol des Faschismus verkörperten, wobei wir freilich nicht vergessen sollten, daß auch Hitlers Ideologie und Politik Elemente enthielt, die im Vergleich zu Vorkriegsdefinitionen von "rechts" als "links" erscheinen mußten. Um nun den Ausgangspunkt faschistischer Auffassungen vom Kommunismus - und dabei insbesondere diejenige Hitlers - nachvollziehen zu können, ist es notwendig, sich zunächst noch einmal zwei Grundcharakteristika des leninistischen Kommunismus zu vergegenwärtigen: Man kann den Bolschewismus als Ideologie als eine radikalisierte und mit einem wissenschaftlichen Gewand umhüllte Ausprägung von Gleichheits- und Gerechtigkeitspostulaten begreifen, die durch die Französische Revolution und die Industrialisierung zwar verbreitet wurden, zugleich aber "uralt" sind, in verschiedenen Gesellschaften zu verschiedenen Zeiten immer wieder in unterdrückten Gruppen entstanden. Es ist auch nicht neu, daß Gewaltanwendung zur Verwirklichung derartiger Ziele gefordert wurde, aber die *Ideologisierung* von Gewalt in den Schriften Lenins und anderer führender Bolschewiki enthielt doch - jedenfalls im Vergleich mit anderen sozialistischen Autoren des 19. und frühen 20. Jahrhunderts - ganz neue Dimensionen (hierzu Elias 1989, 283f.). Aber dazu kommt der ganz wesentliche Punkt, daß diesen Gewaltpostulaten nach 1917 wirkliche Gewaltexzesse - Vernichtungen und Vertreibungen - folgten; und diese waren keineswegs nur durch die Bürgerkriegssituation bedingt, sondern auch ideologiekonform. Und daß hierüber in Deutschland ein großes Wissen bestand - bei den "Rechten" *und* den "Linken" - lehrt jeder Blick in zeitgenössische Schriften. Und noch auf eine andere Doppelseitigkeit des Bolschewismus sollte hingewiesen werden. Lenin konnte zurecht einerseits als Mann des Friedens im besiegten und zerrütteten Rußland gelten, als derjenige, der gegen den Willen fast aller Parteien - auch eines Großteils der eigenen - den Separatfrieden mit den Deutschen durchgesetzt hatte. Andererseits war Lenin ein Gegner der Pazifisten, die er zutiefst verachtete, und er betrachtete Krieg und Frieden immer ganz ausschließlich vom Standpunkt ihrer Nützlichkeit für das "Proletariat" (die "Partei", die Sowjetunion) (vgl. Kolakowski, 1977, Bd. II, 523ff.). Zwar ist es richtig, daß das erstrebte *Endziel* des Bolschewismus ein ewiger Friedenszustand war, aber es war *auch* ideologische Grundüberzeugung, daß dieser Frieden unerreichbar sei, solange das kapitalistische Wirtschaftssystem irgendwo auf der Welt existiert. Und so propagierte Lenin, auch um "ewigen Frieden" zu erreichen, den Krieg gegen dieses System. (vgl. Nolte in FAZ, 12.10.1991), und zwar den fürchterlichsten aller Kriege, den Bürgerkrieg. Lenins Aufrufe ab 1914 an das "internationale Proletariat", den Krieg in einen Bürgerkrieg gegen die eigenen Regierungen und das kapitalistische System umzuwandeln, waren selbst innerhalb der radikalen Linken die radikalste Position; und da es in manchen Ländern tatsächlich zu mehr oder weniger begrenzten Bürgerkriegszuständen nach dem Krieg kam (in Deutschland endete diese Zeit erst 1923), entstand eine weit verbreitete Überzeugung von einer bolschewistischen Urheberschaft.

Wir haben gezeigt, daß der Bolschewismus von Anfang an zwei substantielle Seiten (universelle Gerechtigkeit und Frieden; Krieg und Vernichtung) hatte, und jede angemessene Deutung des Kommunismus muß diese *beiden* Seiten berücksichtigen. Freilich lag es immer auch nahe, eine dieser Seiten zu isolieren und zum Ganzen zu erklären. Und man kann mit einer gewissen Pointierung behaupten, daß Verabsolutierungen des Partikularen die ganze 70jährige politische Auseinandersetzung mit dem Kommunismus bestimmten, und daß die Präferenz für eine der beiden Seiten als ein wesentliches Kriterium für "links" bzw. "rechts" angesehen wurde. Allerdings führt kein Weg an der Feststellung vorbei, daß die Betonung der Gewaltseite realistischer war, und die Furcht vor diesem System erscheint als ein angemessenerer Affekt als seine Stilisierung zu einer Menschheitshoffnung.

In der Frühphase der Weimarer Republik entsprach es keineswegs nur der Auffassung Hitlers, im Bolschewismus ausschließlich ein Vernichtungswerk zu sehen, und man kann in "Mein Kampf" sehr deutlich erkennen, daß die von

Haßaffekten bestimmte Ausmalung der Gewalt- und Terrorseite des Bolschewismus einer der zentralen Ausgangspunkte von Hitlers Radikalfaschismus ist. Für Hitler ergibt sich daraus gewissermaßen "logisch" ein zweiter Schritt, nämlich den Vernichtungsgedanken gegen den Kommunismus selbst zu kehren - faschistischer Antikommunismus ist *Vernichtungsantikommunismus*, er unterscheidet sich in seinem Radikalitätsgrad wesentlich von allen liberalen, konservativen oder christlichen Spielarten des Antikommunismus. Nun war freilich auch diese Radikalisierung des Antikommunismus keineswegs eine singuläre Position Hitlers, sondern in der Frühphase der Weimarer Republik auch in den präfaschistischen Freikorps weit verbreitet, aber es gibt zwei Punkte, die die Differenz Hitlers zu ihnen markieren. Erstens: Die Freikorps waren elitäre Gruppierungen (vgl. Elias, 1989, 245ff.), während Hitlers "Nationalsozialismus" darauf abzielte, das Zentralmotiv der "Vernichtung des Bolschewismus" zum integralen Bestandteil einer - dem eigenen Anspruch nach - *revolutionären Massenbewegung* zu machen. Dies aber bedeutete nicht nur eine Durchbrechung der elitären Mentalität der Freikorps, sondern zugleich auch eine gewisse ideologische Angleichung von Hitlers Nationalsozialismus an seinen Hauptgegner, denn die von "der Partei" inspirierte Mobilisierung "der Masse" zur revolutionären Gewalt gehörte zu dessen ureigensten Motiven. Daß Hitler seine "linke" Umformung eines "rechten" Ideologems frühzeitig sehr bewußt war, zeigt sich an Äußerungen von 1925, in denen er Verwandtschaften seiner Anschauungen mit dem italienischen Faschismus anspricht und dabei hervorhebt, daß Mussolini der erste gewesen sei, der den Kommunismus nicht aus reaktionären Motiven bekämpfte (vgl. Nolte, 1979). Man kann ein derartiges Selbstverständnis unterschiedlich bewerten, aber es ist unabweisbar, daß die Faschismen *Massenbewegungen* mit radikal *antikommunistischer* und zugleich teilweise *sozialistischer* Programmatik wurden; und es war die eigenartige Synthese *dieser* Merkmale, mit der die kommunistischen Faschismusdefinitionen nie zurecht kamen.

Das *zweite* charakteristische Element von Hitlers Antibolschewismus ist dessen ungeheure Ideologisierung, und in der spezifischen Art dieser Ideologisierung liegt das wichtigste Kriterium, das den Nationalsozialismus als "Radikalfaschismus" von "normalfaschistischen" Positionen abzugrenzen gestattet (vgl. Nolte, 1979). Vorgreifend auf spätere Ausführungen kann bereits jetzt angemerkt werden, daß diese Ideologisierung "totalitär" genannt werden sollte, und daß es ihre totalitäre Konstruktion ist, die ihre *formale Ähnlichkeit* mit der Ideologie des kommunistischen Gegners bezeichnet. Jede totalitäre Ideologie ist auch eine Lehre vom "absoluten Feind", aber derartige Ideologien beschränken sich keineswegs nur auf die Benennung gegenwärtiger Freund-Feindverhältnisse, sondern versuchen sie sozusagen bis in ihre urgeschichtlichen Anfänge zurückzuverfolgen, wobei typischerweise "das Wesen" und die Entstehung des Feindes aus wenigen Axiomen eines geschlossenen Gedankensystems, das zugleich die "Heilsziele" für die eigene Gruppe vorgibt, "abgeleitet" wird. Dem dient im Marxismus das Klassenkampf- und Basis-Überbauschema, während im Nationalsozialismus die Fiktionen eines biologischen Rassismus (Rassenkampf) und Antisemitismus diese Funktion erfüllen. Hitlers zwanghafter Versuch, das "Wesen" und die Entstehung des Feindes (seine "Urheber", "Vorläufer", "Wegbereiter") sozusagen bis in ihre "letzten Wurzeln" zurückzuverfolgen, mündet in der Zentralfiktion, daß der Bolschewismus jüdischen Ursprungs sei, Produkt der "biologischen" Eigentümlichkeiten einer "Rasse".

Ich will im folgenden nur eine knappe Skizze der wichtigsten "Ableitungen" des Bolschewismus in der radikalfaschistischen Ideologie Hitlers skizzieren. Natürlich kann damit nur ein Teilzusammenhang dieser Ideologie erfaßt werden, ein Teilzusammenhang freilich, der eine erste Konkretisierung des radikalfaschistischen Zukunftziels - die Schaffung eines von jedem "Keim des Bolschewismus" befreiten Gesellschaftszustandes - gestattet.

In allen Schriften der nationalsozialistischen Hauptideologen stößt man auf eine radikale Gegnerschaft gegen die liberaldemokratische politische Ordnung, die der kommunistischen Gegnerschaft gegen dieselbe durchaus ähnelt. Allerdings hat der Kommunismus formell - zu Propagandazwecken - immer an einigen Elementen des Ideengehalts dieses Systems festgehalten, während faschistisches Denken auch diesen vollständig negierte: Jede der sogenannten "Ideen von 1789" wird ideologisch schärfstens bekämpft. Es ist nun aber wichtig zu begreifen, daß *diese* Gegnerschaft im radikalfaschistischen Denken dem Hauptfeindschaftsverhältnis gegen den Bolschewismus untergeordnet und auf dieses bezogen ist: die "Ideen von 1789" sind ganz wesentlich deswegen "Feind", weil sie als "Vorbereiter" und "Wegbereiter" der "Ideen von 1917" begriffen werden.[22]

---

[22] Dies wird auch sehr deutlich an einigen Texten von Goebbels zur Ideologie des Faschismus. Das skizzierte faschistische Feindbild gegen die zusammengedachten "Ideen von 1789" und 1917 spielt dabei für ihn eine zentrale Rolle. Goebbels schreibt über Mussolini: "Das ist sein größtes historisches Verdienst, daß er...zum ersten Mal...den Versuch demonstriert, den Marxismus *an sich* in die Knie zu zwingen... Der Faschismus war der erste machtpolitische Prozeß gegen den Liberalismus, jene geistige Vorstellungswelt, die 1789 mit dem Sturm auf die Bastille begann und in schweren revolutionären Zuckungen ein Land nach dem anderen eroberte und am Ende die Völker in Marxismus, Demokratie, Anarchie und Klassenwahn versinken ließ." Goebbels (1934), in: Münkler (Hg.), Politisches Denken...,

Unzweifelhaft verbergen sich in dieser Behauptung zwei einfache Wahrheiten. Denn der Kommunismus knüpfte ja durchaus an liberaldemokratische Gleichheitslehren an, die er freilich so radikalisierte, daß sie auf die Negation der freiheitsverbürgenden Elemente der liberalen Demokratie hinauslaufen mußten. Gerade diese freiheitsverbürgenden Elemente aber waren es, die der kommunistischen Bewegung erst gewisse Artikulations- und Organisationschancen verschafften. Dies gilt natürlich genauso für die faschistischen Bewegungen, aber dies macht den Grundgedanken über die "Wegbereiterrolle" der liberaldemokratischen Ordnung nicht gegenstandslos, sondern zeigt nur, daß diese Ordnung die einzige ist, die ihren Gegnern von rechts und links erlaubt, sich mit einer gewissen Offenheit gegenüberzutreten.

Nun finden wir in der nationalsozialistischen Ideologie außer den miteinander verbundenen Gegnerschaftsverhältnissen gegen "1789" und "1917" noch eine dritte, nicht ganz so deutlich ausgebildete, gleichwohl völlig konsequente Negation, nämlich diejenige des *Christentums*. Es ist eine der von Hitler im kleinen Kreis immer neu variierten Thesen, daß das Christentum ein "Vor-Bolschewismus" (in Picker 1965, 154) sei, daß es die "theoretisch-metaphysische Grundlage" (ebda., 168) des Bolschewismus enthalte, und man kann diese Gedanken keineswegs als völlig widersinnig bezeichnen. Denn es gibt in den christlichen Gleichheits- und Universalitätsprinzipien

---

1990, 280). An Goebbels Aussage, der Marxismus *an sich* solle bezwungen, solle "aus der Welt der Tatsachen geräumt (werden)" (ebd., 280), sollte bedacht werden, daß sie eine über die innerstaatliche Sphäre hinausgehende programmatische Zielsetzung einschließt. Wer den Marxismus "aus der Welt der Tatsachen räumen" will, steuert auch auf einen "Weltanschauungskrieg" gegen das Land, in dem er die Macht errungen hat, hin, und er tut es deswegen, weil er "den Marxismus" selbst als internationale Kriegsbewegung begreift.

durchaus Ideen, die in veränderter Form in die kommunistische Ideologie eingegangen sind, Elemente, ohne die letztere - genauso wie die Gleichheits- und Individualitätspostulate der Aufklärung - kaum denkbar sind.[23] Ziehen wir ein erstes Resümée: Der dem Kommunismus totalfeindlich gegenübertretende Radikalfaschismus verlängert diese Feindschaft auf alle "Lehren" und Ideologien, die das Gleichheits-, Universalitäts- und Individualitätsprinzip - in welcher Form auch immer - fordern oder fördern. Die Radikalität dieser Konstruktionen liegt auf der Hand: Wenn die unerbittliche Gegnerschaft gegen den "Kommunismus" auf jede seiner möglichen Wurzeln ausgedehnt wird, dann wird tatsächlich allen charakteristischen abendländischen Mustern "materialer Rationalität" (Max Weber) der Kampf angesagt. Dies wird noch deutlicher, wenn man die den drei bisher skizzierten Gegnerschaftsverhältnissen angefügte "Kulturkritik" Hitlers einbezieht (ausführliche Analyse in Pohlmann 1992, 206ff.). Anknüpfend an weitverbreitete, aggressiv geladene, antiliberale kulturpessimistische Untergangsstimmungen und Nietzsches Dekadenzkritik wird schlechthin alles, was die europäische Gesellschaftsentwicklung in der Moderne auszeichnet, als "Verfall" und "Zersetzung" gewertet: Internationalisierung ökonomischer Beziehungen, Großstadtentwicklung, moderne Kunst, Intellektualisierung, Individualisierung, Frauenemanzipation... Radikal verworfen werden also gesellschaftliche Entwicklungen und geistige Strömungen, die den Menschen in der Moderne mehr und mehr aus starren Gruppenbindungen herausgelöst haben und mit dem übergeordneten Begriff "Emanzipationsprozeß" bezeichnet werden können. Die Vielgestaltigkeit der modernen Welt "atomisiere" den einzelnen und bedeute "Zerrissenheit", "Ver-

[23] Eine Vorform dieses Gedankens findet man in Nietzsches "Genealogie der Moral".

fall" einer "heilen Einheit". Wie gerade bereits anklang, knüpfte der Nationalsozialismus in seiner "Kulturkritik" an manche "kulturpessimistischen" Strömungen des 19. Jahrhunderts an (vgl. hierzu Fritz Stern, 1963). Der Kulturpessimismus war eine europäische Gegenströmung gegen typische Auswirkungen der Moderne, gegen die eine angeblich heile Vergangenheit ausgespielt wurde, und kulturpessimistische Mentalitäten waren besonders im deutschen Bürgertum recht weit verbreitet. Auch hier gibt es also Kontinuitäten zwischen Ideologie- und Mentalitätsmustern des 19. Jahrhunderts und dem Nationalsozialismus, aber auch Brüche, und diese sind viel charakteristischer. Zunächst einmal werden viele der Emotionen des traditionellen Kulturpessimismus *radikalisiert*, aber ein besonderes Interesse verdient es, daß im Nationalsozialismus die kulturpessimistische "Ablehnung der Moderne" mit dem politischen Hauptgegner - dem Bolschewismus - verbunden wird. Denn der Nationalsozialismus hat den damals recht weit verbreiteten Begriff des "Kulturbolschewismus" (hierzu Fest, 1992) aufgegriffen und ins Zentrum seiner "Kulturkritik" gestellt, so daß auch auf diesem Gebiet die Konstruktion einer Beziehung zum politischen Hauptgegner als neuartiges, eigentlich charakteristisches Moment gelten muß.

Wir haben nun einige der zentralen Negationen der radikalfaschistischen Ideologie skizziert, und wir konnten dabei erkennen, wie bestimmend für alle diese Negationen der totalfeindliche Bezug auf den Bolschewismus ist. Nun wäre freilich diese Ideologie, in der die gesamte okzidentale Entwicklung als ein im Gegenwartskommunismus gipfelnder Irrweg erscheint, keine *totalitäre* Ideologie, wenn in ihr der Versuch fehlte, diesen "Unheilsprozeß" aus wenigen fiktiven Prämissen "abzuleiten" (vgl. Arendt, 1962), mittels eines Universalschlüssels der Erkenntnis zu "erklären" und zu "ordnen". Genau diese Funktion aber erfüllt der rassenbiologische Antisemitismus: Christentum, die Prinzipien des liberal-demokratischen Verfassungsstaates, Marxismus und Bolschewismus werden als auseinander hervorgehende Phasen einer "widernatürlichen Entwicklung" begriffen, die - genauso wie aller gesellschaftliche und kulturelle "Verfall" in der Moderne - auf eine Menschengruppe als ihren Urheber zurückgeführt wird (zur Struktur dieser Ideologie vgl. Pohlmann 1992, 199ff.). Steuerndes Prinzip eines kaum überschaubaren historischen Prozesses sei die "rassische Natur" "des Juden", die sich in unterschiedlichsten Erscheinungsformen entfalte und zugleich verhülle, bis sie in der katastrophalen Gegenwart im sowjetischen Bolschewismus die "wenigen Hüllen, die (sie) noch trägt, von sich (wirft)" (Hitler 1936, 358).

Im Radikalfaschismus fungieren die Fiktionen biologistischer Rassentheorien und eines rassenbiologischen Antisemitismus als Grundprinzipien eines totalitären ideologischen Systems, das vorgibt, die "rassischen" Entstehungsursachen des politischen Hauptgegners - des Bolschewismus[24] - sozusagen bis in ihre letzten Wurzeln zurückver-

[24] Die nazistische Basisfiktion, der Bolschewismus sei jüdischen Ursprungs, ist natürlich ein ganz neues Element in den vielfältigen Spielarten des Antisemitismus von "rechts" bis "links", die es im 19. Jahrhundert gab, denn diese Fiktion setzt den Bolschewismus, die Russische Revolution voraus. Was die Bedingungen für diese Fiktion waren, kann hier nicht im einzelnen entwickelt werden, es sei aber auf zwei offensichtlich wesentliche Aspekte hingewiesen: 1. Der bolschewistische Mythos der "Weltrevolution" konnte unschwer mit den phantastischen Geschichten von der "jüdischen Weltverschwörung" in Verbindung gebracht werden, die ihrerseits an den jüdischen Mythos vom "auserwählten Volk" anknüpften. 2. Es gab einen überproportional hohen Anteil von Menschen der jüdischen Bevölkerungsgruppe nicht nur in der bolschewistischen Führung, sondern auch gerade auf den Ebenen des neuen Machtapparates in der Sowjetunion, mit denen die Bevölkerung vorwiegend in Kontakt kamen (vgl. Nolte, 1987, 354 f., Margolina, 1991). Sonja Margolina zeigt auch Gründe dafür auf, warum sich viele Menschen der jüdischen Bevölkerungsgruppe den Bolschewiki ange-

folgen zu können und das zugleich ein "Heilsziel" für die Eigengruppe entwirft: Die (Re-) Etablierung eines von "rassischen Naturgesetzen" bewußt bestimmten Gesellschaftszustandes, eines total geschlossenen, in ihren "rassisch reinen" Anfangszustand sozusagen zurückbiologisierten Gesamts, das immun gegen jeden "Keim des Bolschewismus" sei.
Wir werden die hier nur ganz knapp angedeutete Konstruktion der radikalfaschistischen Ideologie in einem anderen Zusammenhang ausführen. Wir können aber bereits jetzt schon zwei Feststellungen treffen: 1. Formal weist die radikalfaschistische Ideologie bedeutsame Ähnlichkeiten mit derjenigen ihres Hauptgegners auf: Bei beiden handelt es sich um starre dualistische Welterklärungs- und Revolutionsschemata, die auf einem angeblich wissenschaftlichen Universalprinzip (Klasse, Klassenkampf; Rasse, Rassenkampf) errichtet sind. 2. Die radikalfaschistische Ideologie ist nur aus ihrem totalfeindlichen Bezug auf die Ideologie des politischen Gegners verstehbar, als *Gegenideologie*, mittels welcher dieser nicht nur praktisch vernichtet, sondern auch ideologisch bezwungen werden soll. Rosenberg hat *diese* ideologische Fixierung 1934 in aller Klarheit ausgesprochen: dem Nationalsozialismus gehe es um die "innerliche Zertrümmerung aller Ideen und Gedanken der marxistisch-demokratischen Bewegung". "Jeder These des Marxismus wurde deshalb eine Gegenthese von uns gegenübergestellt." Dabei hebt Rosenberg besonders hervor, daß die Bedeutung des Prinzips und des "Rassenkampfes" als "Gegenthese" gegen die marxistischen Prinzipien des Klassenkampfes und Internationalismus zu verstehen sei (vgl. E. Nolte in FAZ 12.10.1991).

---

schlossen hatten. Sie verweist u.a. auf die besonders starke, vom Zarismus geförderte Judenfeindschaft in Rußland, die noch kurz vor der Revolution zu Pogromexzessen geführt hatte.

Literatur

H. Arendt: Elemente und Ursprünge totaler Herrschaft. Frankfurt 1962.

G. Dimitroff: Arbeiterklasse gegen Faschismus. Moskau/Leningrad 1935.

N. Elias: Studien über die Deutschen. Frankfurt 1990.

J. C. Fest: Der zerstörte Traum. Berlin 1991.

J. Goebbels: Der Faschismus und seine praktischen Ergebnisse. In: Politisches Denken im 20. Jahrhundert. Hg.: H. Münkler. München/Zürich 1990.

A. Hitler: Mein Kampf. München 1936.

L. Kolakowski: Die Hauptströmungen des Marxismus, Bd. 2, München 1988.

S. Margolina: Fragen an deutsche und russische Juden. In: Merkur 2/1991.

E. Niekisch: Das Reich der niederen Dämonen. Hamburg 1953.

E. Nolte: Der Faschismus in seiner Epoche. München/Zürich 1979.

Ders.: Der europäische Bürgerkrieg 1917-1945. Frankfurt/-Berlin 1987.

Ders.: Das Zeitalter des Kommunismus. In: FAZ vom 12.10.1991.

H. Picker: Hitlers Gespräche im Fahrerhauptquartier 1941-1942. Stuttgart 1965.

Th. Pirker: Komintern und Faschismus 1920-1940. Stuttgart 1966.

F. Pohlmann: Ideologie und Terror im Nationalsozialismus. Pfaffenweiler 1992.

F. Stern: Kulturpessimismus als politische Gefahr. Bern u. Stuttgart 1963.

H. Weber: Die Wandlung des deutschen Kommunismus. Frankfurt 1969.

Zum Verhältnis von Ideologie und Terror im Nationalsozialismus[25]

I. Zur Totalitarismustheorie Hannah Arendts

In den vergangenen 60 Jahren ist der Nationalsozialismus zum Objekt sehr unterschiedlicher Erkenntnisinteressen und theoretischer Deutungsmuster geworden, und welche von diesen zeitweise dominierten, warf immer auch ein bezeichnendes Licht auf den Stellenwert, den bestimmte Ideen, Interessen und Ideologien in den Erfahrungen und politischen Meinungskämpfen der Gegenwart einnahmen. Daß zum Beispiel unmittelbar nach dem Krieg germanozentrische Bilder vom Nationalsozialismus bestimmend wurden, in denen Hitler gewisserweise als logische Folge eines langen unheilvollen "deutschen Sonderwegs" begriffen wurde, ist genauso wenig Zufall und Produkt rein wissenschaftsinterner Entwicklungen wie die Wiederaufnahme und Ausarbeitung der Totalitarismustheorie mit dem Beginn des "Kalten Krieges". Und daß ab Ende der 60er Jahre marxistisch inspirierte Faschismusbilder wiederbelebt wurden und totalitarismustheoretisches Denken bis vor noch gar nicht langer Zeit oftmals massive Abwehrhaltungen hervorrief, ist nicht verständlich ohne die tiefgehenden Wandlungen im politischen Meinungsklima, die im Zuge der Studentenrevolte und der Entspannungsära entstanden waren. Gegenwärtig - nach dem epochalen Datum 1989 - erleben wir wieder eine Wandlung der Interpretationsmuster des Nationalsozialismus, und es ist bezeichnend, daß auch diesmal Revisionen des Bildes vom Kommunismus diese Ände-

[25] Vortrag, gehalten im August 1993 in Lippe auf einer Tagung der Gesellschaft für christlich-jüdische Zusammenarbeit zum Thema "Zur Aktualität der politischen Philosophie Hannah Arendts".

rungen mitbedingten: Mit der Mauer fiel der ideologische Schleier, der bei vielen Intellektuellen hierzulande die Wirklichkeit des Kommunismus verhüllt hatte, und als Opfer und Dissidenten *dieses* Systems insbesondere für dessen stalinistische Phase den Totalitarismusbegriff aufgegriffen, da konnte nicht ausbleiben, daß auch in der deutschen Diskussion über den *Nationalsozialismus* totalitarismustheoretische Prämissen und Modelle wieder an Einfluß gewinnen würden. Es ist aber unmittelbar einleuchtend, daß die gegenwärtige Renaissance der Totalitarismustheorie auch eine Fort- und Umbildung dieser Theorie einleiten wird, denn die Totalitarismustheorie entwickelte sich als theoretischer und humanistischer Gegenpol zur bitteren *Wirklichkeit* des Totalitarismus, während nunmehr die *beiden* Varianten dieser Wirklichkeit Geschichte geworden sind. Weil beide Totalitarismen, die realiter eng miteinandner verzahnt waren, jetzt Geschichte geworden sind, können wir ihnen mit einer ganz neuen *Distanz* gegenübertreten, die die Vorbedingung für jede Erkenntnis ist. Freilich: Daß die Epoche des Totalitarismus in Europa noch nicht *weit* zurückliegt, ist gleichermaßen Voraussetzung ihrer Erkenntnis, denn ohne den mitfühlenden Nachvollzug der menschlichen Extremerfahrungen in den totalitären Diktaturen bleibt auch der objektivsten und detailreichsten Wissenschaft die Wirklichkeit dieser Systeme verschlossen. Aber dieser mitfühlende Nachvollzug wird mit zunehmendem zeitlichen Abstand schwieriger.

Hinsichtlich beider Erkenntnismaximen - intellektuelle Distanz und Einfühlung - ist Hannah Arendts Totalitarismustheorie (H. Arendt, 1962), auf der ihre gesamte politische Philosophie errichtet ist, vorbildhaft. Auch für Hannah Arendt, wie für die meisten Totalitarismustheoretiker, ist der Totalitarismus ein Produkt und zugleich die zentrale Erfahrung des 20. Jahrhunderts, aber ihr gelingt es doch, diese Erfahrung in einer Intensität emotionalen Sich-Einlassens und zugleich in einer gedanklichen Schärfe plastisch werden zu lassen, die unerreicht sind. Auch in der Vielfalt der Perspektiven und gedanklichen Ebenen überragt ihre Theorie andere Totalitarismuskonzeptionen: Denn Hannah Arendt beschränkt sich keineswegs nur auf einen Vergleich der Formen nationalsozialistischer und kommunistischer Herrschaftsausübung in bestimmten Phasen der beiden Systeme, um aus diesem Vergleich ein Konstrukt von totalitärer Diktatur zu gewinnen, sondern es finden sich bei ihr auch weitreichende Überlegungen über die Entstehungsvoraussetzungen des Totalitarismus und über die wechselseitigen Beziehungen zwischen Kommunismus und Nationalsozialismus, ihre Verknüpfungen und gegenseitigen Durchdringungen. Erschwert wurde die Rezeption ihrer Theorie in den Fachwissenschaften, weil sie alle im deutschen Universitätsbetrieb eifersüchtig bewachten Fachgrenzen überschreitet und letztlich auf einen philosophisch-anthropologischen Bestimmungsversuch des Totalitarismus zielt. Dieser findet sich in ihrem Werk im letzten Kapitel: "Ideologie und Terror - eine neue Staatsform". Was Hannah Arendt hier versucht, ist keineswegs eine Zusammenfassung der zuvor ausführlich von ihr entwickelten Einzelmerkmale von "totalitärer Diktatur" oder eine Definition - dann wäre dieses Kapitel unzureichend; es geht ihr vielmehr um eine philosophische Reflektion derjenigen Elemente der totalitären Diktatur, die für sie einen radikalen Bruch zur abendländischen Tradition bezeichnen und in denen sich eine völlig neuartige historisch-anthropologische Erfahrung kristallisiert. Diese Elemente, von ihr in Anknüpfung an Montesquieus Staatslehre entwickelt, sind ganz neuartige Formen von "Ideologie" und "Terror" - eines Terrors, der in riesigen Terror*institutionen* praktiziert wird. In diesen Terrorinstitutionen enthüllt sich für Hannah Arendt das

Wesen des Totalitarismus in Reinform, in ihnen verdichten sich alle seine ideologischen Ziele und Terrormethoden, und deshalb, so Hannah Arendt, müssen sie als "Modell und richtunggebendes Gesellschaftsideal" des Totalitarismus begriffen werden. In diesen Institutionen hat sich für Hannah Arendt auch die neue menschliche Grunderfahrung, die dem Totalitarismus zugeordnet ist, in aller Schärfe herausgebildet. Diese übersteigt die Grunderfahrung, die für Montesquieu der traditionellen Tyrannis eignet. Waren es in dieser die Erfahrungen der Furcht und der Angst, so ist es in den Terrorinstitutionen der totalitären Diktatur zusätzlich die Erfahrung gänzlicher "Verlassenheit", die aus der systematisch praktizierten Beherrschung des Menschen durch totalen Terror entspringt.

II. Grundmerkmale totalitärer Ideologie und totalitären Terrors

Ich habe einleitend ganz wenige, grobe Stichpunkte zu Hannah Arendts Totalitarismustheorie gegeben. Bevor diese Stichpunkte nun für eine Analyse des Zusammenhangs von Ideologie und Terror *im Nationalsozialismus* fruchtbar gemacht werden können, ist es notwendig, diese im Sinne und in Anknüpfung an Hannah Arendt etwas auszuführen. Was, so ist zu fragen, sind die Hauptmerkmale von totalitären Ideologien, und was unterscheidet wesentlich die Terrorpraxis in den totalitären Diktaturen von früheren Formen des Terrors?

Schaut man sich die kommunistische Ideologie, wie sie seit 1917 geschichtsmächtig wurde und die nationalsozialstische, wie sie etwa bei Hitler oder Rosenberg vorliegt, an, so erkennt man eine unüberbrückbare inhaltliche Gegnerschaft und gleichzeitig *formale Ähnlichkeiten*, die ihre spezifisch *totalitäre* Struktur bezeichnen. Drei Grundmerkmale finden sich in beiden Ideologien[26]:

1. Beide Ideologien sind dogmatische, in sich abgeschlossene, andere Deutungsmuster rigoros ausschließende Systeme zur Universalerklärung der Wirklichkeit. Die gesamte vergangene, gegenwärtige und zukünftige gesellschaftliche Wirklichkeit wird aus wenigen Grundaxiomen "abgeleitet" (Produktionsverhältnisse, Klassenkampf; Rasse, Rassenkampf), wobei diesen Grundaxiomen der Rang "wissenschaftlich bewiesener Wahrheiten" zugesprochen wird.

2. Beide Ideologien sind aber nicht nur pseudo-wissenschaftliche *Deutungssysteme*, sondern wesentlich *Aktionsprogramme*: Sie formulieren ein Zukunftsideal, eine Utopie und zugleich die zur Verwirklichung dieses Ziels "notwendige" Praxis. Totalitäre Ideologien sind Lehren zur radikalen Umgestaltung der Gesellschaft im Hinblick auf einen "Heilszustand". Dieses Heilsziel - so die typische Konstruktion - entspreche dem "eigentlichen Willen" des eigenen Kollektivs, seiner - durch eine Gesetzlichkeit der Geschichte vorgegebenen - Mission. Seine historische Mission zu erkennen, sei der Eigengruppe bisher aber aufgrund bestimmter Umstände verwehrt gewesen, sie habe erst von den Machthabern ans Licht gebracht und als Gesetz und Ziel verkündet werden können. Totalitäre Ideologien beruhen also auf einem Identifikationsschematismus zwischen Führungs- und Volkswillen, behaupten, in "der Partei/dem Führer" sei das Kollektiv als Willens- und Aktionseinheit verkörpert; und sie laufen zwangsläufig auf die Richtung einer Erziehungsdiktatur hinaus: "Das Volk" bedarf zur Erkenntnis seines "wirklichen Willens"

[26] Im folgenden wiederhole ich zunächst einige Gedanken, die in den Aufsätzen zur Totalitarismustheorie ausgeführt wurden.

der Anleitung und Schulung durch die Monopolisten der Wahrheit. Dieses Ideologiemuster bestimmte in beiden Diktaturen die Propagandaschlagworte, und es war ein wirkungsvolles Indoktrinationsinstrument in den Organisationen zur Integration der Jugend. Seinen sinnfälligsten Ausdruck aber fand es in den *Massenkulten* beider Diktaturen. Diese Massenkulte waren trotz ihrer völlig unterschiedlichen Symbolik sehr formähnlich, und sie sollten in ihren Menschenarchitekturen ein überdimensionales, gewissermaßen ideales Bild von der Identität des Führer- und Volkswillens vermitteln. Eines ihrer Hauptelemente waren ritualisierte Bekundungen der Opferbereitschaft, die das Opfer für die Diktatoren als Opfer für das Kollektiv und die Erreichung seines Geschichtsziels erscheinen lassen sollten.

3. Drittes Grundmerkmal beider Ideologien war die Ausbildung eines unüberbrückbaren Freund-Feind-Gegensatzes, einer radikalen Zweiteilung der Welt in Gut und Böse, und dieses Merkmal - ein Begriff vom absoluten Feind - ist so wesentlich, daß viele Theoretiker es in den Mittelpunkt ihrer Definitionen von "totalitärer Diktatur" stellen. Besonders Hannah Arendt hat eindringlich geklärt, wodurch sich uralte Formen derartiger Feindbilder von denjenigen in *diesen* Diktaturen unterscheiden. Hier werden nämlich die "Feindgruppen" primär als Träger "objektiv feindlicher" Eigenschaftsbündel konstruiert, deren Tun weniger Ergebnis eines bösen Wollens, sondern ihres - sozialen oder biologischen - "Seins" sei; ihre gewalttätige Ausschaltung wird ganz wesentlich als ein Akt der "objektiven Notwendigkeit" postuliert, als "objektive" Voraussetzung zur Verwirklichung des geschichtlich vorgegebenen Heilsziels der Eigengruppe. In gewisser Weise geht es also um abstrakte, pseudowissenschaftlich begründete "Kategorien" von Gut und Böse, die freilich als solche nur in der Emotionsarmut intellektuellen Denkens zu wir-

ken vermögen. Ihre *massenpropagandistische* Umsetzung und Wirkung ist an die Erzeugung extremer Emotionen geknüpft, was auch die Indoktrination in den Jugendorganisationen der beiden Parteien zeigte.
Unsere Skizze der wichtigsten formalen Muster beider Ideologien gestattet folgendes Resumée: Das pseudowissenschaftliche Fundament dieser Ideologien, ihre Prämisse der Machbarkeit von Welt und ihr Appell an Massen sind spezifisch modern, während ihre Heilskonstruktionen Variationen alter Religionsmuster darstellen. Es handelt sich hier gewissermaßen um militante, *anthropozentrische Religionen*, und es ist vielleicht diese Vermischung sehr alter mit modernen Motiven, die die Anziehungskraft dieser Ideologien begründete. Daß diese Aussage bedeutsamer Einschränkungen bedarf, wenn man die "Heilsziele" beider Ideologien hinsichtlich ihrer *Inhalte* betrachtet - die offen barbarischen der einen, die an sich humanen der anderen -, ist evident.
Aus den gerade skizzierten Grundmerkmalen "totalitärer Ideologie" ergibt sich gleichsam "logisch" die Besonderheit totalitären Terrors. Zunächst ein kurzer Hinweis zum allgemeinen Terrorbegriff: Wir verstehen unter "Terror" etwas anderes als unmenschliche Bestrafungen *normwidrigen* Tuns, die es natürlich zuhauf in totalitären Diktaturen gibt. "Terror" meint eine vom Tun und Lassen - und sogar der "Gesinnung" - der Unterdrückten unabhängige Gewaltpraxis "von oben", die Durchtrennung des Bandes zwischen Handeln und "Strafe". Freilich geht der spezifisch totalitäre Terror im Begriff der - ebenfalls vielfältig praktizierten - *Gewaltwillkür* nicht auf. Eines der Hauptcharakteristika des *totalitären* Terrors ist, daß er sich zwar gegen "Unschuldige" im Sinne juristischer Normen, aber keineswegs gegen Unschuldige im Sinne der von den totalitären Ideologien formulierten "Gesetze der Geschichte" (H. Arendt) richtet. Gemessen an diesen Ge-

schichtsgesetzen sind viele Terroropfer "schuldig", qua Klassen- oder "Rassenzugehörigkeit" "objektive Feinde" der eigenen Gruppe und des ihr vorgegebenen Heilsziels.

III. Grundmerkmale nationalsozialistischer Ideologie

Ich habe in Anknüpfung an Hannah Arendt ein formales Gerüst zur Verbindung von Ideologie und Terror in den totalitären Dikaturen grob skizziert, das als *Aufhänger* für Aspekte des Verhältnisses von Ideologie und Terror im *Nationalsozialismus* dienen soll. Dieses Verhältnis erschließt sich freilich m.E. nur dann, wenn man von zwei Prämissen ausgeht. 1. Der nationalsozialistische Totalitarismus kann nur dann verstanden werden kann, wenn man ihn als radikalste Form neuartiger politischer Bewegungen von "rechts" (faschistischer Bewegungen) in Europa begreift, die aus dem Krieg hervorgegangen sind und sich in radikaler Frontstellung zur kommunistischen Bewegung formierten. Wie alle Faschismen, so kann auch der nationalsozialistische Totalitarismus in seiner Entstehung und seinem Selbstverständnis nur durch seinen totalfeindlichen Bezug auf die durch die "Prinzipien von 1917" geformte nationale und internationale kommunistische Bewegung bestimmt werden, als ihr totalitärer Antipode. Und es ist diese teils offene, teils verdeckte, zunächst intra- und dann interstaatliche Grundkonstellation, die als Ausgangspunkt und Leitfaden jede angemessene Deutung nationalsozialistischer Organisation, Praxis *und* Ideologie bestimmen muß. Diese Prämisse beinhaltet eine Ablehnung der vielen Kontinuitätsthesen, die hinsichtlich des Nationalsozialismus und anderer faschistischer Bewegungen entwickelt worden sind: Die faschistischen Bewegungen sind in ihrer Ideologie, Propaganda, Organisation und sozialen Zusammensetzung neuartig. Und diese Neuartigkeit ist ganz wesentlich auch ein Produkt ihrer - ich möchte fast sagen - intimen Bezogenheit auf die revolutionären Bewegungen von "links", für deren Mächtigwerden das Epochenjahr 1917 steht. Der Totalitarismus "von rechts" ist in seiner Entstehung eng mit der Entstehung des Totalitarismus "von links" verknüpft, und man könnte mit mehr als einem Körnchen Wahrheit die erste Hälfte dieses Jahrhunderts als die Epoche des sich entwickelnden todfeindlichen Gegensatzes zweier, auf inhaltlich völlig konträren, aber formverwandten Ideologien beruhenden totalitären Diktaturen bezeichnen. In der nationalsozialistischen Ideologie steckte von Anfang an der Antrieb zum sog. "Weltanschauungskrieg" gegen die Sowjetunion, zum Versuch, durch ideologisch motivierten Terror das seinerseits ideologisch begründete Terrorsystem des Kommunismus zu vernichten und durch ein rassenideologisch legitimiertes Terrorsystem zu ersetzen, ja, man kann sogar sagen, daß der Nationalsozialismus erst in diesem Vernichtungskrieg und in der mit diesem Krieg verknüpften systematischen Ermordung der Juden sozusagen zu sich selbst kam, zur Verwirklichung seiner wichtigsten ideologischen Postulate.

2. Und nun zur zweiten Prämisse, die mir für die Deutung des nationalsozialistischen Herrschaftssystems und insbesondere die Verbindung von Ideologie und Terror wichtig erscheint: daß der Nationalsozialismus von seinen frühesten Anfängen bis zum Ende eine *charismatische* Bewegung im Sinne Max Webers war. Das entscheidende Zugehörigkeitskriterium zur nationalsozialistischen Bewegung war der "Glaube an den Führer", den "Führerwillen". Dieser "Glaube" war nun freilich keineswegs das Produkt der intellektuellen Überzeugungskraft eines von Hitler sozusagen Schritt für Schritt öffentlich präsentierten ideologischen Systems. Was band und Glaubensgemeinschaft

erzeugte, waren vielfältige, weitverbreitete und keineswegs auf bestimmte Sozialschichten beschränkte Emotionen, die im "Führer" gebündelt und radikalisiert waren und die sein "Charisma der Rede" zurückstrahlte. Entscheidend aber ist, daß Hitler - ganz ähnlich wie Rosenberg - diese Emotionen in einem in sich geschlossenen, auf Fiktionen beruhenden ideologischen System rationalisiert hat, dessen Radikalitätspotential seinerzeit kaum jemandem ganz bewußt geworden ist und das den zentralen "Führerentscheidungen" bis zuletzt zugrunde lag. Dieses ideologische System enthält alle Merkmale einer totalitären Ideologie, aber - um dieses noch einmal zu wiederholen - ihr Grundcharakteristikum erschließt sich nicht einer nur auf sie selbst begrenzten Betrachtung. Wesentlich ist der Bezug dieser Ideologie auf diejenige des kommunistischen Antipoden: Hitlers radikalfaschistische Ideologie muß als Versuch begriffen werden, dem totalitären Gegner von links eine "Gegen-Ideologie" entgegenzusetzen, ein Welterklärungsschema und "Heilsziel", das inhaltlich den extremsten Gegenpol zum gegnerischen, dem es freilich formal ähnelt, darstellt. In dieser Ideologie ist die emotionale Feindschaft gegen den Kommunismus zu einer ideologischen Totalkonfrontation gesteigert worden, die zu einem kriegerischen "Weltanschauungskampf" mit bis dahin für unvorstellbar gehaltenen Vernichtungsexzessen führen mußte. Hitlers sogenannte "Weltanschauung" - so die These - ist der Schlüssel zur Bestimmung des ideologischens Wesens des Nationalsozialismus, und diese Ideologie war die Hauptantriebskraft des Terrors. Dies allerdings nicht im Sinne einer einfachen Ursache-Wirkungsbeziehung, sondern vermittelt über das charismatische Machtverhältnis zwischen dem "Führer" und seinen Sonderexekutivapparaten.

Ich möchte nun - nach diesen beiden Prämissen - die Deutung der nationalsozialistischen Ideologie mit einer Grobcharakterisierung ihres *Ziels* einleiten.
Alle faschistischen Bewegungen artikulierten ihre Gegnerschaft gegen die liberale Demokratie und den Kommunismus in gegenideologischen Entwürfen, in denen zwei Grundmerkmale variiert wurden: Erstens wurden Universalitäts- und Gleichheitsprinzipien ersetzt durch die Behauptung einer "naturgegebenen" Ungleichheit der Völker und der Angehörigen des eigenen Volks, das gleichwohl als eine irgendwie geartete Solidargemeinschaft begriffen wurde und *zweitens* wurde das eigene Ziel konkretisiert durch Bezug auf eine idealisierte und mythisierte Vergangenheit des eigenen Volks. Alle Faschismen faßten Zukunft als militante Zurückgewinnung eines Vergangenen auf, und sie bildeten damit einen extremen Gegenpol zum kommunistischen Fortschrittsoptimismus, in dem Zukunft als militant-planmäßige Verwirklichung eines geschichtlich vorbestimmten Noch-nie-Gewesenen erscheint. Im *Nationalsozialismus* findet man das gerade skizzierte Grundmuster in seiner radikalsten Form: Hier findet man Fiktionen von der Wiederherstellung eines von "rassischen Naturgesetzen" bewußt bestimmten Gesellschaftszustandes, eines total geschlossenen, in ihren "rassisch reinen" Urzustand sozusagen zurückbiologisierten Gesamts, das immun gegen jeden Keim von Gleichheits- und Universalitätsprinzipien wäre und das mittels seines nach Osten unendlich erweiterten "Lebensraums" auch den modernen ökonomischen Internationalismus durch völlige ökonomische Autarkie ersetzt haben würde. Dieser irrwitzige Nativismus darf freilich die andere Seite des Nationalsozialismus, den technischen Modernismus, die jegliche Tradition verachtende technische Effizienz im Planen und Handeln, die dem Beobachter bis heute den Atem verschlägt, nicht vergessen machen, aber den Modernismus in den *Vorder-*

grund zu stellen, scheint mir doch verfehlt. Charakteristisch ist vielmehr die Doppelseitigkeit von technischem Modernismus *und* dem Willen zur völligen Zeit- und Geschichtsverneinung, zur angeblichen Wiederherstellung eines von allen Übeln der Moderne befreiten und gegen sie vollkommen gefeiten rassischen "Urzustandes".

Soweit eine kurze und grobe Vorausschau. Gehen wir nun in die Einzelheiten.[27]
Als erstes Charakteristikum dieser Ideologie stechen ihre vielen - keineswegs völlig willkürlichen - radikalen Negationen ins Auge. An der Spitze steht dabei die Totalfeindschaft gegen den Kommunismus. Man kann z.B. in "Mein Kampf" sehr deutlich erkennen, daß die von Haßaffekten bestimmte Ausmalung der Gewalt- und Terrorseite des Bolschewismus einer der zentralen Ausgangspunkte von Hitlers Radikalfaschismus ist. Für Hitler ergibt sich daraus gewissermaßen "logisch" ein zweiter Schritt, nämlich den Vernichtungsgedanken gegen den Kommunismus selbst zu kehren - faschistischer Antikommunismus ist *Vernichtungsantikommunismus*, er unterscheidet sich in seinem Radikalitätsgrad wesentlich von allen liberalen, konservativen oder christlichen Spielarten des Antikommunismus. Im Nationalsozialismus wurde nun die Feindschaft gegen den Kommunismus nicht nur - in abgeschwächter Form - auf alle anderen linken Gruppen *übertragen*, sondern auch zu einem unüberbrückbaren Gegnerschaftsverhältnis gegen den liberaldemokratischen Verfassungsstaat, gegen die "Ideen von 1789" weitergebildet. Gewisse konservative Ideologiemuster zuspitzend, wurde "1789" als "Vorläufer" und "Wegbereiter" von "1917" begriffen, die Gegnerschaft gegen die liberaldemokratische Ordnung ist also dem Hauptfeind-

[27] Im folgenden wiederhole ich zunächst einige Gedanken aus dem Aufsatz "Feindbilder".

schaftsverhältnis gegen den Kommunismus untergeordnet und auf dieses bezogen.
Nun finden wir in der nationalsozialistischen Ideologie außer den miteinander verbundenen Gegnerschaftsverhältnissen gegen "1789" und "1917" noch eine dritte, nicht ganz so deutlich ausgebildete, gleichwohl völlig konsequente Negation, nämlich diejenige des *Christentums*. Es ist eine der von Hitler im kleinen Kreis immer neu variierten Thesen, daß das Christentum ein "Vor-Bolschewismus" (in Picker 1965, 154) sei, daß es die "theoretisch-metaphysische Grundlage" (ebda., 168) des Bolschewismus enthalte, und man kann diese Gedanken keineswegs als völlig widersinnig bezeichnen. Denn es gibt in den christlichen Gleichheits- und Universalitätsprinzipien durchaus Ideen, die in veränderter Form in die kommunistische Ideologie eingegangen sind, Elemente, ohne die letztere - genauso wie die Gleichheits- und Individualitätspostulate der Aufklärung - kaum denkbar sind.
Ziehen wir ein erstes Resumée: Der dem Kommunismus totalfeindlich gegenübertretende Radikalfaschismus verlängert diese Feindschaft auf alle "Lehren" und Ideologien, die das Gleichheits-, Universalitäts- und Individualitätsprinzip - in welcher Form auch immer - fordern oder fördern. Die Radikalität dieser Konstruktionen liegt auf der Hand: Wenn die unerbittliche Gegnerschaft gegen den "Kommunismus" auf jede seiner möglichen Wurzeln ausgedehnt wird, dann wird tatsächlich allen charakteristischen abendländischen Wertmustern der Kampf angesagt. Dies wird noch deutlicher, wenn man die den drei bisher skizzierten Gegnerschaftsverhältnissen angefügte "Kulturkritik" Hitlers einbezieht. Anknüpfend an weit verbreitete, aggressiv geladene, antiliberale kulturpessimistische Untergangsstimmungen und Nietzsches Dekadenzkritik wird schlechthin alles, was die europäische Gesellschaftsentwicklung in der Moderne auszeichnet, als "Verfall" und

"Zersetzung" gewertet: Internationalisierung ökonomischer Beziehungen, Großstadtentwicklung, moderne Kunst, Intellektualisierung, Individualisierung, Frauenemanzipation... Radikal verworfen werden also gesellschaftliche Entwicklungen und geistige Strömungen, die den Menschen in der Moderne mehr und mehr aus starren Gruppenbindungen herausgelöst haben und die mit dem übergeordneten Begriff "Emanzipationsprozeß" bezeichnet werden können. Die Vielgestaltigkeit der modernen Welt "atomisiere" den Einzelnen und bedeute "Zerrissenheit", "Verfall" einer "heilen Einheit". Wie gerade bereits anklang, knüpfte der Nationalsozialismus in seiner "Kulturkritik" an manche "kulturpessimistischen" Strömungen des 19. Jahrhunderts an (vgl. hierzu Fritz Stern, 1963). Der Kulturpessimismus war eine europäische Gegenströmung gegen typische Auswirkungen der Moderne, gegen die eine angeblich heile Vergangenheit ausgespielt wurde, und kulturpessimistische Mentalitäten waren besonders im deutschen Bürgertum recht weit verbreitet. Auch hier gibt es also Kontinuitäten zwischen Ideologie- und Mentalitätsmustern des 19. Jahrhunderts und dem Nationalsozialismus, aber auch Brüche, und diese sind viel charakteristischer. Zunächst einmal werden viele der Emotionen des traditionellen Kulturpessimismus *radikalisiert*, aber ein besonderes Interesse verdient es, daß im Nationalsozialismus die kulturpessimistische "Ablehnung der Moderne" auf den politischen Hauptgegner - den Bolschewismus - bezogen wird. Denn der Nationalsozialismus hat den damals recht weit verbreiteten Begriff des "Kulturbolschewismus" aufgegriffen und ins Zentrum seiner "Kulturkritik" gestellt, so daß auch auf diesem Gebiet die Konstruktion einer Beziehung zum politischen Hauptgegner als neuartiges, eigentlich charakteristisches Moment gelten muß.

Ich habe nun einige der zentralen Negationen der radikalfaschistischen Ideologie skizziert, und wir konnten dabei erkennen, wie bestimmend für alle diese Negationen der totalfeindliche Bezug auf den Kommunismus ist. Nun wären freilich diese Negationen, die die gesamte abendländische Entwicklung als einen im Gegenwartskommunismus gipfelnden Irrweg erscheinen lassen, keine *totalitäre* Ideologie, wenn der Versuch fehlte, diesen "Unheilsprozeß" aus wenigen fiktiven Axiomen "abzuleiten", mittels eines Universalschlüssels zu "erklären" und ihm ein eigenes "Heilsziel" entgegenzusetzen. Totalitäre Ideologien sind ja Welterklärungslehren, die vorgeben, gegenwärtige Freund-Feind-Verhältnisse bis in ihre "urgeschichtlichen" Anfänge aufspüren zu können, die den gesamten Geschichtsverlauf aus fiktiven Annahmen über Urheber und Ursachen einer gegenwärtigen ideologischen Gegnerschaft "ableiten". Genau diese Funktion aber erfüllen die Fiktionen biologistischer Rassentheorien und eines rassenbiologischen Antisemitismus, in dem sich alle ideologischen Gehalte des Nationalsozialismus bündeln. Aus rassistischen Fiktionen wird eine Geschichtsmythologie entworfen, die den Terror gegen verschiedene Gruppen "objektiver Feinde" zu einem integralen Bestandteil eigener Praxis erhebt. Ich habe nun das Rassenprinzip angesprochen, das der radikalfaschistischen Ideologie ihr spezifisch *totalitäres* Gepräge gab, welches sie der kommunistischen Form verwandt erscheinen läßt. Bevor ich das Rassenprinzip etwas zu konkretisieren versuche, sei aber gefragt, ob sich in dieser Formverwandtschaft, die sich durch die zentrale Stellung des Rassenprinzips ergibt, mehr ausspricht als eine zufällige Analogie zur zentralen Stellung des Klassenprinzips im kommunistischen Welterklärungs- und Revolutionsschema. Ich denke, dies läßt sich bejahen. Die auf dem Rassenprinzip errichtete *totalitäre* Konstruktion dieser Ideologie muß auch als Produkt der Intention begriffen werden, dem kommunistischen Klassenkampf- und Revolutionsschema eine Gegenideologie entgegenzusetzen (Rassenkampf versus Klassenkampf), mittels welcher der Kommunismus nicht nur praktisch vernichtet, sondern auch ideologisch bezwungen werden soll. Rosenberg hat *diese* ideologische Fixierung 1934 in aller Klarheit ausgesprochen: Dem Nationalsozialismus gehe es um die "innerliche Zertrümmerung aller Ideen und Gedanken der marxistisch-demokratischen Bewegung". "Jeder These des Marxismus wurde deshalb eine Gegenthese von uns gegenübergestellt." Dabei hebt Rosenberg besonders hervor, daß die Bedeutung des Rassenprinzips und des "Rassenkampfes" als "Gegenthese" gegen die marxistischen Prinzipien des Klassenkampfes und Internationalismus zu verstehen sei (vgl. Nolte, in FAZ, 12.10.91).

Ich will im folgenden nun ganz knapp zwei Dimensionen des nationalsozialistischen Rassismus skizzieren, die sich schematisch als "Rassismus nach innen" und "Rassismus nach außen" voneinander abgrenzen lassen.[28] Der "Rassismus nach innen" knüpfte an weitverbreitete rassenhygienische und eugenische Lehren an, die durch eine Synthese von Mendels Vererbungslehre mit sozialdarwinistischen Annahmen entstanden waren und die ganz selbstverständlich von der Prämisse eines unterschiedlichen erbbiologischen *Werts* der Bevölkerungsmitglieder ausgingen. Man kann den Grundgedanken dieser Theorien, der ein radikal antizivilisatorisches Denkmuster offenbart, folgendermaßen formulieren: Durch die moderne ziviliosatorische Entwicklung (medizinische Fortschritte, Sozialstaat etc.) würden die Träger "minderwertigen Erbguts" dem Gesetz "natürlicher Auslese" entzogen, was zum Verfall der erbbiologischen

---

[28] Eine detaillierte Ausführung der folgenden Gedanken findet sich in Pohlmann 1992.

Substanz des Volkes geführt habe. Ziel müsse ein "gesunder Volkskörper" sein, der Staat habe eine "Gegen-Gegenauslese" durchzuführen; er müsse durch Zwangssterilisation der "Träger minderwertigen Erbguts" eine "qualitative" Bevölkerungsentwicklung einleiten, müsse als bewußtes Vollstreckungsinstrument der "Gesetze natürlicher Auslese" fungieren. In derartigen Lehren, die den nazistischen "Rassismus nach innen" vorformulierten, wird nicht nur das Gleichheitsprinzip negiert; ebenso wird die auf Christentum und Aufklärung zurückgehende Individualethik durch eine "Ethik" des Kollektivs ersetzt, woraus dessen selbsternannte Repräsentanten im Namen der "Gesundheit" des zukünftigen "Ganzen" das "Recht" zum Zwangseingriff in den Körper - und schließlich zur Tötung - ableiteten.

Im nazistischen Antisemitismus - dem Prototyp seines "Rassismus nach außen" - bündeln sich alle seine ideologischen und messianischen Gehalte, und obwohl in diesem Antisemitismus die wichtigsten Elemente der verschiedenen antisemitischen Strömungen des 19. Jahrhunderts synthetisiert sind, stellt er doch zugleich gegenüber den traditionellen antisemitischen Ideologemen auch etwas wesentlich Neuartiges dar. Ganz neuartig ist natürlich die Verbindung von Judentum und Bolschewismus, denn diese Fiktion setzt den Bolschewismus, die russische Revolution, voraus, und sie ist die Zentralfiktion des Nationalsozialismus. Ich bin der Überzeugung, daß in dieser Fiktion, die der unabänderlichen biologischen Ausstattung einer bestimmten Menschengruppe die Urheberschaft für den politischen Hauptgegner - den Kommunismus - anlastet, das wichtigste ideologische Antriebspotential für das, was geschah, zusammengefaßt ist. Diese Fiktion ist gleichsam der Schlüssel zur Entzifferung der Bedeutung der wahnhaften manichäischen Geschichtsmythologie des Nationalsozialsimus und seines "Heilszieles". Ich möchte das kurz ausführen. Ich hatte skizziert, daß in der radikalfaschistischen Ideologie Hitlers die gesamte okzidentale Entwicklung als ein auf den Gegenwartskommunismus zusteuernder Unheilsprozeß begriffen wird. Insbesondere die Gleichheits-und Universalitätspostulate des Christentums und der Aufklärung gelten als Vorläufer und Wegbereiter des Bolschewismus, als "Vorbolschewismus". Die mythische Rassenbiologie Hitlers begreift nun aber diesen "Unheilsprozeß" als Produkt jüdischer Rasseeigenschaften. Der Kommunismus wird als katastrophaler Kulminationspunkt eines durch das biologische Wesen einer "fremden Rasse" bedingten Prozesses begriffen, der die "eigentliche rassische Natur" des eigenen Kollektivs immer mehr zersetzt habe und es nun in seiner nackten Existenz bedrohe. Als "Heilsziel" wird die Restituierung der "eigentlichen" "rassischen Natur" des eigenen Kollektivs verstanden, die Errichtung eines von "jedem Keim des Bolschewismus" befreiten Gesellschaftszustandes. Was die Erlangung dieses "Heilsziels" voraussetzt, liegt auf der Hand: die gänzliche Vernichtung des Kommunismus und der seiner Urheberschaft bezichtigten Menschengruppe und die völlige Überwindung jeder Lehre, die Gleichheits-, Universalitäts- und Individualitätspostulate vertritt.

Natürlich sind diese Gedanken extrem wahnhaft, aber in dieser Wahnhaftigkeit steckt eine ungeheure Konsequenz, und in ihrem Kern stellen sie einen Bruch mit der abendländischen Geschichte dar, wie er radikaler nicht denkbar ist.

Die Grundmerkmale der radikalfaschistischen Ideologie lassen sich abstrakt folgendermaßen zusammenfassen: Der Nationalsozialismus knüpfte zwar an verbreitete Ideologiemuster des 19. Jahrhunderts an, die sich gegen die "Ideen von 1789" richteten (Rassismus, Antisemitismus, Kulturpessimismus, Sozialdarwinismus). Aber - und dies ist das wesentliche - er bezog diese dann auf den kommunistischen Hauptfeind - die "Ideen von 1917 " - wodurch traditionelle Ideologeme zu einem totalitären ideologischen System zur Erklärung des "Wesens" und der "Ursprünge" dieses Gegners umgeformt und radikalisiert wurden. Sein "Heilsziel" ist die Etablierung einer durch das Rassenprinzip konstituierten geschichtslosen "archaischen" Gesellschaftsordnung, die jeden "Keim des Bolschewismus" - d.h. jede Form des Gleichheits-, Universalitäts- und Individualitätsprinzips - aus sich ausgeschlossen hat.

IV. Zur Terrorentwicklung im Nationalsozialsismus

Ich will nun im folgenden an zwei Bereichen - zum einen der Zwangssterilisation und Euthanasie, zum anderen der Judenverfolgung - Aspekte der *Verbindung* von Ideologie und Terror skizzieren. Zwei Bemerkungen müssen dem aber vorausgeschickt werden.

1. Das Verhältnis von Ideologie und Terror kann ohne Analyse der Organisationsprinzipien der SS - der radikalsten Sonderexekutivapparate des Nationalsozialismus - nicht angemessen begriffen werden. In ihrer Struktur und ihren Zielen waren diese Formationen Verkörperungen der radikalsten Intentionen der Ideologie - des totalfeindlichen Bezugs auf den Kommunismus, der rassenbiologischen Ziele; und sie stellten zugleich die extremste Verwirklichung des den Nationalsozialismus von Anfang an charakterisierenden charismatischen Führer-Gefolgschaftsverhältnisses dar, waren Werkzeuge zur bedingungslosen Vollstreckung des charismatisch legitimierten Führerwillens.

2. Die Radikalisierung des Terrors darf nicht als schrittweise Verwirklichung eines im voraus feststehenden "Planes" mißverstanden werden, war aber gleichwohl als Prozeß der Entbindung des in der Ideologie steckenden Radikalitätspotentials von bemerkenswerter Konsequenz.

Voraussetzung für diese Entbindung war die zunehmende "Entstaatlichung" des Machtsystems, durch welche dem charismatisch legitimierten Führerwillen und seinen Sonderexekutivapparaten ein immer dominanter werdendes Gewicht im Gesamtgefüge der Macht zuwuchs.
Soweit die Vorbemerkungen.
Charakteristische Radikalisierungsmechanismen ideologisch bestimmten Terrors im Nationalsozialismus lassen sich bereits deutlich an der Entwicklung von der Zwangssterilisation zur Euthanasie aufzeigen.
Die von der Ideologie - in Anknüpfung an "rassenhygienische" Lehren - vorgegebene und von der Propaganda stets offen geforderte Zwangssterilisation war zunächst das wichtigste Instrument zur Schaffung eines "rassisch hochwertigen" Kollektivs. Mit dieser unmenschlichen Praxis, der von Anfang an Tendenzen zur Ausweitung auf verschiedenste Grupen sozial Mißliebiger inhärent waren, war das ideologische Prinzip des Vorrangs des zukünftigen Ganzen vor den jetzt Lebenden verwirklicht. Das Ur-Grundrecht auf die Unantastbarkeit des Körpers war aufgehoben, und der Körper von - im Sinne der Ideologie - "objektiven Schädlingen" der erbbiologischen Substanz des Kollektivs "gesetzlich" der Zuständigkeit des Staates zum verstümmelnden Zwangseingriff übertragen worden. Die Zwangssterilisierung, die zurückging auf die Postulate einer sich als wissenschaftlich verstehenden "rassenhygienischen Erbbiologie", barg von vornherein das Potential zum Mord als dem radikalsten Zugriff auf den Körper in sich. Aber die Verwandlung dieses Potentials in einen eindeutigen Handlungsplan hatte eine sich radikalisierende Propagandakampagne, die die Opfer zu immer gefährlicheren Schädlingen stilisierte, zu ihrer Voraussetzung (vgl. hierzu Klee 1985). Und zugleich - und ideologisch konsequent - konkretisierte sich der Tötungsplan im Zusammenhang mit der unmittelbaren Vorbereitung des Krieges: Daß Hitler

seine Ermächtigung zur Euthanasie auf den Tag des Kriegsbeginns zurückdatierte, zeigt, daß die "Säuberung des Volkskörpers von seinen minderwertigen Teilen" und die Niederschlagung der äußeren Feinde zur Gewinnung "neuen Lebensraums" als miteinander verknüpfte Voraussetzungen zur Verwirklichung der "rassischen Endziele" angesehen wurden.
In der Radikalisierung des "sozialbiologischen" Terrors von der Zwangssterilisation zur Euthanasie spiegeln sich auch die zunehmende Dominanz des "Führerwillens" im Machtsystem und die damit einhergehende Zerstörung der staatlichen Ordnung. Im Gegensatz zur gesetzlich legalisierten Zwangssterilisierung war die Tötung als Geheimvorgang außerhalb des fixierten Rechts organisiert; ihre einzige Basis war der außerstaatliche, charismatisch legitimierte "Führerwille", der bereits jetzt zur zentralen Achse des gesamten Machtsystems geworden war. Freilich macht der Geheimhaltungsversuch der Mordpraxis zugleich auch deutlich, daß der Nationalsozialismus gerade hinsichtlich seiner letzten, ihn erst wahrhaft charakterisierenden Intentionen eine Legitimierungsbereitschaft der Bevölkerung ausschloß: Die "Heilung des Volkskörpers" von aller Schwäche durch Tötung der Schwachen und die "Heilung der Welt" von jedem "Keim des Bolschewismus" durch Ermordung der seiner Urheberschaft bezichtigten Menschengruppe beruhten auf einer komplexen arbeitsteiligen "Organisation", die sich aller Mittel der Tarnung - bis zur Erfindung einer Tarnsprache - bediente.

Die Ermordung der Juden war das der radikalfaschistischen Ideologie von Anfang an inhärente Hauptpostulat, eine aus ihren Zentralfiktionen quasi "logisch" entspringende, wenngleich längere Zeit nur untergründig wirkende Intention. "Auschwitz" ist in dieser Ideologie angelegt, aber es konnte die Umrisse eines "Planes" erst nach einem kumulativen Radikalisierungsprozeß ideologisch geleiteten Terrors gegen die Juden bekommen, der in seinen Hauptphasen eindeutig abgrenzbar ist (vgl. hierzu Pohlmann 1992, 436 ff.), aber auf sehr disparaten, sich wechselseitig ergänzenden und anheizenden Triebkräften beruhte. Der wichtigste Motor der Radikalisierung aber war eindeutig der "Führerwille", der zentrale Pol in einem zunehmend formloser werdenden Machtgefüge, in dem spätestens nach den Novemberp ogromen die SS als Hauptinstanz der Verfolgung hervortrat. Im "Führerwillen" aber hatte sich die ursprünglich noch vage Vernichtungsintention bereits im Zusammenhang mit den Kriegsvorbereitungen konkretisiert (vgl. Adam 1972), und spätestens, als der Verfolgungsprozeß nach Kriegsbeginn in seine zweite Phase - diejenige der Deportation und der Konzentration der Opfer in überfüllten, von Seuchen bedrohten Ghettos - getreten war, konnte die ideologische Intention der "Endlösung" den Machthabern zugleich als "Lösung" eines - von ihnen selbst geschaffenen - "praktischen Problems" erscheinen. Der Radikalisierungsprozeß des Terrors in der Phase der Ghettoisierung der Opfer war das Produkt eines sich wechselseitig hochtreibenden Zusammenwirkens von "Führerentscheidungen" und Konkurrenzkämpfen verschiedener Machtorgane, deren "Objekt" die Opfergruppe war (vgl. hierzu und zum folgenden Pohlmann 1992, 471 ff.). Bezeichnend ist die mit dieser Eskalation des Terrors einhergehende propagandistische Radikalisierung des Feindbildes: Das immer stärker geknebelte Opfer wurde als untermenschlicher vernichtungswütiger Angreifer ausgemalt und die Gnadenlosigkeit der Verfolgung als einzige "Reaktion" gerechtfertigt, die das Überleben der eigenen Gruppe zu sichern vermag. Aber dieses Bild vom Feind war von Anfang an ein Grundbestandteil des radikalfaschistischen Denkens, und daß die ursprünglich noch keineswegs offenliegende Vernichtungsintention nunmehr im Aufbau einer komplexen Vernichtungsmaschinerie Gestalt annahm, ist eine - über viele Zwischenstufen vermittelte - notwendige Konsequenz einer totalitären Ideologie, die "Praxis" als integrales Element ihrer selbst begriff. Der Beginn des systematischen Genozids ist eindeutig terminierbar: Es war der sogenannte "Weltanschauungskrieg" gegen die Sowjetunion, in dem sich erst alle Dimensionen des Radikalfaschismus entfalteten; ein Vernichtungskrieg zur vollständigen "Ausrottung" des Bolschewismus. Die gänzliche Vernichtung des zentralen "Weltanschauungsfeindes" aber mußte - den ideologischen Fiktionen gemäß - zugleich die gänzliche Vernichtung der seiner Urheberschaft angeklagten Menschengruppe in sich einschließen; eine doppelte Vernichtung, die als Grundvoraussetzung zur Verwirklichung des radikalfaschistischen "Heilsziels" begriffen werden muß: zur Restituierung der "eigentlichen Natur" des eigenen Kollektivs in einem "Rassenstaat", der jeden "Keim des Bolschewismus" - d.h. jede Form des Gleichheits-, Universalitäts- und Individualitätsprinzips - aus sich ausgeschlossen hat.

Ich möchte nun zum Schluß noch einmal in wenigen Stichpunkten den "historischen" Ort des Nationalsozialismus umreißen. Der Nationalsozialismus war die radikalste Form neuartiger Bewegungen von "rechts", die sich korrelativ zu der neuartigen Bewegung von "links" - für die das Epochenjahr 1917 steht - und in schroffer Frontstellung gegen diese bildeten. Alle Faschismen assimilierten sich Grundmerkmale ihres Gegners, aber nur ihre deutsche Sonderform, der Nationalsozialismus, entwickelte eine totalitäre Ideologie, die den extremsten Gegenpol zum "Heilsziel" der kommunistischen darstellt: Dem universell - durch die weltrevolutionäre Praxis der Avantgarde-Partei - zu verwirklichenden Gleichheitsprinzip wurde eine extrem partikularistische und archaische Rassenideologie entgegengestellt, die die vollständige Destruktion aller abendländischen Wertmuster bedeutete. Die kriegerische Vernichtung der Faschismen war die Voraussetzung für die Expansion seines totalitären Gegners und für die Entwicklung eines weltbestimmenden Gegeneinanders zwischen liberaler Demokratie und Kommunismus. Zwar ist mit dem Jahre 1989 die *Epoche* des Totalitarismus in Europa, die im "Weltanschauungskrieg" der beiden Totalitarismen ihre radikalste Zuspitzung erfuhr, endgültig beendet, aber es zeigt sich jetzt auch, wie langwierig die Wiederannäherung der ehemals kommunistischen Staaten an das liberale System, das ursprünglich gänzlich "überwunden" werden sollte, sein wird.

Literatur

K. D. Adam: Judenpolitik im Dritten Reich. Düsseldorf 1972.

H. Arendt: Elemente und Ursprünge totaler Herrschaft. Frankfurt 1962.

A. Hitler: Mein Kampf. München 1936.

E. Klee: "Euthanasie" im NS-Staat. Frankfurt 1985.

E. Nolte: Das Zeitalter des Kommunismus. in: FAZ 12.10.1991.

H. Picker: Hitlers Tischgespräche im Führerhauptquartier 1941-1942. Stuttgart 1965.

F. Pohlmann: Ideologie und Terror im Nationalsozialismus. Pfaffenweiler 1992.

F. Stern: Kulturpessimismus als politische Gefahr. Bern/-Stuttgart 1963.

Zur Gründungsphase und dem Gründungsmythos der DDR[29]

Um grundlegende Strukturmerkmale der DDR und der Bundesrepublik begreifen zu können, ihre völlig unterschiedliche Geschichte, ihr feindliches - sich freilich im Zuge der Entspannungspolitik entschärfendes - Gegeneinander und die Probleme, vor denen wir nach dem Zusammenbruch der DDR stehen, sollte man immer wieder auf den Ausgangspunkt der zweigeteilten deutschen Gesellschaftsgeschichte zurückgehen: auf das Ende des Krieges und den Beginn der Nachkriegsepoche. Hier wurden in den drei westlichen und der östlichen Besatzungszone von den Siegermächten die Weichenstellungen für vollkommen divergente Gesellschaftssysteme vorgenommen, und welche Bedeutung diese Weichenstellungen für die ökonomisch-soziale Entwicklung und die Formung von Mentalitäten hatte, kann man erst heute ganz ermessen. Davor hatte es keine gravierenden Unterschiede der sozialen und ökonomischen Entwicklung zwischen dem Gebiet der späteren DDR und der Bundesrepublik gegeben, und auch die unmittelbaren Folgewirkungen des Krieges (Zerstörungsgrad der Städte, Anteil der Flüchtlinge etc.) differierten nicht wesentlich voneinander. Und selbst hinsichtlich der Auffassung der Siegermächte gab es in den westlichen und der östlichen Besatzungszone zwar graduelle, nicht aber qualitative Unterschiede. Zwar war die Furcht vor der sowjetischen Armee und Militäradministration bei den meisten Deutschen größer als vor den westlichen Besatzungsmächten, aber als "Befreier" sind auch die westlichen Besatzungsmächte allenfalls von einem kleinen Teil der Bevölkerung begriffen worden. Natürlich erkannten viele sehr bald nach der Währungsreform und mit dem Beginn des "Kalten Krieges"

[29] Der Aufsatz ist eine unveränderte Wiedergabe einer im Frühjahr 1991 gehaltenen Vorlesung.

die Vorzüge der "westlichen" Demokratie und der sozialstaatlich abgesicherten Marktwirtschaft, aber die Begeisterung, die sich dann nach einiger Zeit für alles "Amerikanische" vornehmlich in Teilen der jüngeren Generation breitmachte, war nur die Kehrseite weitverbreiteter anti-westlicher Ressentiments, die weit in die deutsche Mentalitätsgeschichte zurückreichende Wurzeln haben und sich nach dem Zweiten Weltkrieg bis in die Gegenwart zumeist als Anti-Amerikanismus auf den Punkt brachten. Diese anti-westlichen Ressentiments waren und sind Bestandteile sowohl "rechter" als auch "linker" Mentalitäten, und es waren auch derartige Ressentiments, die dem Versuch eines ganz anderen, "revolutionären" Neuaufbaus eines deutschen Staates in der sowjetischen Besatzungszone auch bei manchen Nicht-Kommunisten einen gewissen Kredit verschafften. Damit komme ich zur Gründungsphase der beiden deutschen Staaten, der Periode zwischen 1945 und 1949.

I. Zum Gründungsmythos der Bundesrepublik

Wie jeder Staat, so haben auch die Bundesrepublik und die DDR ihren "Gründungsmythos"[30], aber die Geschehnisse, die das Material für die Gründungsmythen beider deutscher Staaten bildeten, waren von ganz divergenter Art.

Zunächst einige Bemerkungen zur Bundesrepublik.

Wenn man sich mit Angehörigen der älteren Generation unterhält, und auch, wenn man den Reden älterer Politiker bei staatsoffiziellen Feierlichkeiten aufmerksam zuhört, dann erkennt man recht bald, daß der Gründungsmythos der Bundesrepublik nicht auf der Entstehungsgeschichte des Grundgesetzes aufbaut. Dabei hätte es das Grundgesetz sehr wohl verdient gehabt. Denn daß es sich bis zum Bei-

---

[30] Unter einem "Gründungsmythos" wollen wir legendenumwobene Geschehnisse bei Staatsgründungsprozessen verstehen, die ins kollektive Unterbewußtsein eingegangen sind und für das Selbstverständnis eines Staates und seiner Bevölkerung von großer Bedeutung sind.

tritt der DDR zur alten Bundesrepublik so sehr bewährt hat, hängt damit zusammen, daß in seiner Demokratie-Konzeption drei traumatische Erfahrungen produktiv - und auch keineswegs ohne Pathos - verarbeitet worden sind: nämlich das Scheitern der Weimarer Verfassung, der Nationalsozialismus und schließlich die neue Konfrontation mit dem Kommunismus, die sich 1948/49 in der Berlin-Blockade dramatisch zuspitzte. Aus diesen drei Erfahrungen formte sich der dezidiert antitotalitäre Charakter des Grundgesetzes (vgl. Rudzio 1991, 33ff.), der aber in der unmittelbaren Nachkriegsperiode keine identitätsstiftende Kraft entfalten konnte. Die noch immer riesigen sozialen und materiellen Probleme in der Bevölkerung absorbierten 1948/49 soviel Kraft, daß viele vom Grundgesetz kaum Notiz nehmen konnten. Später wurde es dann von manchen auch als Mangel empfunden, daß das Grundgesetz nicht durch eine Volksabstimmung bestätigt worden ist - man beklagte ein plebiszitäres Defizit des Gesetzes; und es gab auch einige - vornehmlich am rechten und linken Rand des politischen Spektrums -, die behaupteten, das Grundgesetz ermangele deswegen demokratischer Legitimation, weil es Besatzungsrecht sei. Dies ist natürlich falsch, es entstand zwar unter Besatzungsherrschaft und bedurfte der Genehmigung der drei westlichen Militärgouverneure, um in Kraft zu treten, aber die Besatzungsmächte haben den Inhalt des Grundgesetzes kaum beeinflußt.

Der Gründungsmythos der Bundesrepublik fußt nicht auf dem Grundgesetz, er bezieht sich garnicht auf die Sphäre der Politik, sondern auf die viel profanere der Ökonomie. Er hat nichts Staatsoffizielles an sich, sondern er bildete sich gleichsam naturwüchsig im Alltagsbewußtsein aus, und er läßt sich letztlich in zwei Schlagworten zusammenfassen, in denen sich die frühzeitige Dominanz ökonomischer Orientierungen für das Selbstverständnis der bundesrepublikanischen Gesellschaft spiegelt: "Währungsreform" und "Wirtschaftswunder durch Wiederaufbau".

Zunächst einige Stichpunkte zur Währungsreform: Wie Sie vielleicht wissen, wurden in den Besatzungszonen bis 1948 staatliche Gehälter, Steuern und die zum Leben notwendigen Dinge in Reichsmark gezahlt, die ziemlich wertlos war. Als eigentliche Währung fungierte deshalb die Zigarettenwährung, für die man auf dem Schwarzen Markt praktisch alles kaufen konnte. Am 18. Juni 1948 wurde die

Währungsreform verkündet, am 20.6.1948 trat sie in Kraft, und damit wurde die Deutsche Mark zum einzigen Zahlungsmittel. Verbindlichkeiten wurden 10 : 1 abgewertet, alle Bank- und Sparguthaben wurden auf 6,5 % ihres Wertes reduziert, und die Schulden des Reiches erloschen. Jeder Bürger erhielt als Kopfquote DM 40.- zur Überbrückung der Anfangsschwierigkeiten. Dieses Ereignis hat sich der älteren Generation tief eingeprägt, und es übersetzte sich in folgenden Alltagsmythen: *Seht her, wir haben alle klein, ganz klein angefangen, wir hatten so gut wie nichts, und dann* - jetzt kommt des Mythos' zweiter Teil - *haben wir wiederaufgebaut und das Wirtschaftswunder geschaffen.* "Währungsreform" - "Wiederaufbau" - "Wirtschaftswunder" - dies wurden die drei wichtigsten Bestandteile des bundesrepublikanischen Gründungsmythos und Selbstverständnisses. Dieser Mythos ist hemdsärmlig, er ist banal, aber er hat - wenn man sich in die Zeit zurückzuversetzen vermag - in seiner beschränkten Geradlinigkeit auch etwas Überzeugendes. Natürlich konnte dieser, das Alltagsbewußtsein bestimmende Mythos den Ansprüchen späterer Generationen nicht mehr genügen, er wurde dann auch - freilich auf der Basis gesicherten Wohlstandes - zur Zielscheibe des Spotts und der Verachtung, und dies auch deswegen, weil er auf der Ausblendung des Vorherigen - des Nationalsozialismus - beruhte, weil er auch nicht den Hauch einer Frage nach persönlicher, kollektiver oder moralischer Mitverantwortung einschloß. So machte es der rein ökonomisch orientierte Gründungsmythos der Bundesrepublik den nachwachsenden Kritikern leicht, und das ganze Unbehagen an der langen Prägekraft dieses Mythos kulminierte dann schließlich 1968, und es setzt sich bis heute - zum Beispiel in Habermas' Wortschöpfung vom "DM-Nationalimus"[31] - fort. Nur angemerkt sei, daß "1968" dann zum zweiten großen Mythos der Bundesrepublik avancierte. Für die einen wurde "1968" zum uneingeschränkt bejahten Symbol für die Entstehung einer besseren Bundesrepublik - hier sei der ganze Mief der illiberalen Adenauer-Ära weggeblasen worden; während die anderen "1968" verantwortlich machen für Autoritätsverfall, Hedonismus, bis hin zur Gewalt in den Schulen. Und heutzutage treffen sich dann die einen mit den anderen in der Talkshow und diskutieren ihre merkwürdigen Mythen und Gegenmythen.

II. Zum Gründungsmythos der DDR

Die DDR verfügte über einen staatsoffiziellen Gründungsmythos, und dieser erscheint viel anspruchsvoller als derjenige der Bundesrepublik. Es ist dies der Mythos vom "antifaschistisch-demokratischen Aufbau", ein Mythos, in dem sich auch die Besonderheiten des Legitimationsanspruchs der DDR gegenüber den anderen, nach 1945 etablierten sozialistischen Systemen zusammenfaßt.[32] Nun muß man freilich genau schauen, was sich in diesem hehren Schlagwort an ideologischen Elementen verbirgt, und welche Handlungen es abdeckte und rechtfertigte. Keinesfalls darf man die Formel vom antifaschistisch-demokratischen Aufbau als das mißverstehen, was sie dem Wortsinne nach zu meinen scheint: eine Kampfansage gegen faschistische Strukturen und Mentalitäten als Voraussetzung und Be-

---

[31] Dieses Schlagwort ist demagogisch, weil es Wohlstandsstreben und Stärke der DM aus dem demokratischen Gefüge, ohne das beides nicht denkbar gewesen wäre, herauslöst und mit einem Nationalismus-Begriff verknüpft, der dunkle Erinnerungen weckt und wecken soll.

[32] Der Anspruch, daß Deutsche einen bewußten und radikalen Bruch mit allen Voraussetzungen für die deutsche Sonderform des Faschismus, die den Krieg und alle seine Auswirkungen zu verschulden hatte, vollzogen hätten.

standteil für den Aufbau einer Demokratie. Wäre dieses der Fall gewesen, hätte man der DDR die moralische Dignität garnicht absprechen können, die sie für sich zu Unrecht reklamierte, wobei man freilich hinzufügen muß, daß in diesem Fall die Existenz eines eigenständigen Staates "DDR" garnicht hätte begründet werden können. "Antifaschismus" meinte im DDR-Verständnis keineswegs nur *Anti*-Faschismus, sondern schloß die gesamte kommunistische Ideologie hinsichtlich des Wesens und der Entstehungsbedingungen des Faschismus ein; und er enthielt zugleich als unverrückbaren Bestandteil das eigene Ziel - den Aufbau des Sozialismus/Kommunismus als einziger ideologischer und praktischer Alternative zum Faschismus. Wie die radikalfaschistische Ideologie selbst, so beinhaltet auch der kommunistische Antifaschismus-Begriff eine Lehre über den Hauptfeind und seine vielen Wegbereiter und Vorläufer und zugleich die Konzeption eines radikal anderen Gesellschaftssystems, dessen Verwirklichung dem gesetzmäßig vorbestimmten Ziel aller bisherigen Geschichte entsprechen soll. Zwei Wegbereiter des Hauptfeindes standen in dieser Ideologie seit den zwanziger Jahren unverrückbar fest: Zum einen das zum Negativ-Prinzip der Geschichte stilisierte "Kapital", dessen Repräsentanten als dunkle Mächte im Hintergrund agieren, zigarrenrauchende Drahtzieher der faschistischen Gewalthorden. Eigentlich ist der wahre Faschist nicht derjenige, der in Erscheinung tritt, sondern dieser tanzt nur nach dem Taktstock seines, dem Auge der Öffentlichkeit verborgen bleibenden Dirigenten. Und die andere Institution, die dem Faschismus den Weg bereitet, ist nicht weniger Zögling des eigentlich Schuldigen: Es ist dies das parlamentarische demokratische System, in Wirklichkeit eine nur formale Demokratie, erfunden vom Kapital zur Verschleiererung der faktisch von ihm ausgeübten Macht. Es sind dies die beiden Zentralbestandteile kommunistischer Faschismusmythologie, und wer glaubt, ich hätte hier polemisch verkürzt, den könnte ich anhand der "Klassiker" der kommunistischen Faschismus-Theorie eines besseren belehren (ausführliche Analyse in Pohlmann 1992, 29ff.). Je nach aktuellen Feindschaftsverhältnissen schloß der kommunistische Faschismusbegriff aber auch andere Gruppen als "Wegbereiter des Faschismus" ein: so die Sozialdemokraten, die noch einige Jahre nach Hitlers Sieg als besonders perfide "Sozialfaschisten" bekämpft wurden, aber auch Trotzkisten und andere, denen Agententätigkeiten für den Faschismus unterstellt wurden. Wir können die Hauptelemente des kommunistischen Antifaschismus-Begriffs folgendermaßen zusammenfassen: Er ist *erstens* eine Lehre über die eigenen Hauptfeinde und ihren Zusammenhang: Faschismus, Kapitalismus und parlamentarische Demokratie werden in ein wechselseitiges Begründungsverhältnis gebracht, und als einzige Alternative zu diesem verknüpften Bündel von Feinden wird das eigene Ziel - der Kommunismus - behauptet. *Zweitens*: Der kommunistische Begriff des Antifaschismus war ein Instrument zur Etikettierung und einer - bis zur physischen Vernichtung gehenden - Bekämpfung verschiedenster politischer Gegner. Unter dem Deckmantel des antifaschistischen Kampfes wurden bereits im spanischen Bürgerkrieg und dann vor allem in der hochstalinistischen Ära in der Sowjetunion viele Menschen ermordet, die in Wirklichkeit Kämpfer gegen den Faschismus waren. Und der *dritte* Bestandteil dieses Antifaschismusbegriffs, der natürlich in den beiden vorherigen bereits enthalten ist: als "wahre" Antifaschisten begreift man letztlich nur die Kommunisten - sich selbst also; aber dadurch verkleinert man nicht nur den Mut und das Opfer nichtkommunistischer Kämpfer gegen den Faschismus, sondern man verdoppelt noch einmal das moralische Gewicht, das man dem eigenen ideologischen Ziel sowieso schon zuspricht: Nicht nur ist das kommunistische Ziel als solches gut,

sondern es ist *doppelt* gut, weil es nämlich die radikale Bekämpfung des Bösen und das Opfer im Kampf gegen das Böse, den Faschismus, einschließt.
Behandelt man den einen Bestandteil des Gründungsmythos der DDR - ihren Antifaschismus-Begriff - in dieser schonungslosen Weise, so verfliegt das letzte Element, das bis zum Ende der DDR und noch darüber hinaus bei garnicht wenigen Intellektuellen in der Bundesrepublik Ansätze eines positiven Bildes dieses Systems ermöglichte. Viele Intellektuelle haben gesagt:
Sicher, daß die SED den Aufstand des 17. Juni als von faschistischen Agenten eingefädelt hingestellt hat, ist ein ziemlicher Unsinn, obwohl sich vielleicht darin ein Körnchen Wahrheit verbirgt; und daß für den Mauerbau der Antifaschismus herhalten mußte ("antifaschistischer Schutzwall") zeugt von der ideologisch bedingten Realitätsblindheit der SED-Machthaber; und daß die PDS am Ende der DDR wegen Hakenkreuz-Schmierereien zu einer Massenkundgebung gegen angebliche faschistische Gefahren aufrief, war eine Fehleinschätzung, die dieser Partei selbst geschadet hat. Aber selbst, wenn in diesen ganzen Ausbeutungen des Antifaschismus kein Körnchen Wahrheit läge, so ist es doch unbestreitbar, daß sich die DDR als antifaschistischer Staat konstituiert hat, und allein dieses rechtfertigt es, ihr eine gewisse moralische Dignität nicht abzusprechen. Die verhängnisvolle, vielen aber noch nicht einmal bewußte Prämisse einer derartigen Wertung ist die Annahme, daß der Kampf oder die Kampfansage gegen ein Terrorregime Untaten der eigenen Seite relativiere oder entschuldbar mache. Und selbst der Terror, den manche aus der Riege der SED wegen ihres kommunistischen Antifaschismus haben erleiden müssen, verkleinert nicht ihre moralische oder rechtliche Mitverantwortung für das, was im Namen des kommunistischen Antifaschismus in der Sowjetunion oder in der Gründungsphase der DDR geschah.

Eigentlich verstehen sich derartige Gedanken von selbst, wegen der außerordentlichen Wirkung des Antifaschismus-Mythos der DDR ist es aber gleichwohl notwendig, sie auszusprechen. In diesen Zusammenhang aber gehört noch ein weiterer Punkt, der die Sache noch einmal kompliziert. Viele linke Intellektuelle in der Bundesrepublik haben der DDR keineswegs nur deswegen eine gewisse, wenn auch immer unterkühlte, Sympathie entgegengebracht, weil sie bewußtlos die dem Selbstverständnis der DDR-Machthaber zugrundeliegende Prämisse, kommunistischer Antifaschismus sei ein jenseits jeder Diskussionsmöglichkeit stehender moralischer Wert, mitvollzogen haben. Sondern in ihrer Sympathie verbarg sich mehr: die positive Wertung von Grundelementen der kommunistischen Faschismus-Ideologie selbst. Zwar war man teilweise eleganter in der Formulierung dieser Faschismus-Mythologie, der schnellen Verknüpfung von Kapitalismus, "bürgerlicher Demokratie" und Faschismus; aber derartige Verknüpfungen waren - in mehr oder weniger ausgeprägter Form - ein konstitutives Element linker Mentalität, und daß sie bis jetzt in modifizierter Gestalt forttransportiert werden, demonstriert, wie zählebig pseudokritische Dogmen und Fiktionen sein können. Daß ein Zentralbestandteil des Selbstverständnisses einer außerordentlich repressiven Diktatur zu einem Muster eines sich als freiheitlich verstehenden linken Denkens in der Bundesrepublik hat werden können, gehört sicher zum erstaunlichsten Befund, den eine Untersuchung von Mentalitäten in der alten Bundesrepublik deuten müßte.

Freilich ist die Deutung so schwer nicht: Dies Denkmuster ist ein Produkt der Studentenrevolte, ist das völlig unrichtige Ergebnis des völlig richtigen Impulses, in die Deutung des Nationalsozialismus bis dahin oftmals vernachlässigte soziale und ökonomische Entstehungszusammenhänge einfließen zu lassen. Viele landeten dann am Schluß

bei marxistischen Ableitungen, die denjenigen der Legitimationsideologie der SED sehr nahe kamen, sie erzeugten dann gleichsam automatisch Deutungsschemata, die der untergehenden DDR Werte andichteten, die diese niemals besaß.
Ich habe damit den ersten Bestandteil des Gründungsmythos der DDR - den kommunistischen Antifaschismusbegriff - beschrieben, hinterfragt und in einigen seiner Auswirkungen skizziert. Nun nannte sich freilich die Phase, in der die Weichen für die DDR gestellt wurden, nicht nur "antifaschistisch", sondern "antifaschistisch-*demokratisch*", obwohl, wie wir sahen, die Verknüpfung des kommunistischen Antifaschismus- mit dem Demokratiebegriff ein Widerspruch in sich ist. Wieso dann diese Verkoppelung? Wolfgang Leonhard hat sich dazu in seinem Klassiker "Die Revolution entläßt ihre Kinder" unzweideutig geäußert. Strategie und Taktik der Gruppe Ulbricht, der er selbst angehörte, waren in einem Motto zusammengefaßt: "Es muß alles demokratisch aussehen, aber wir müssen alles in der Hand haben". Konstante des Konzepts der Gruppe Ulbricht war dasjenige, was sich auch im kommunistischen Antifaschismusbegriff als Zielvorstellung verbirgt, der Aufbau nämlich eines sowjetkommunistischen Systems. Hinsichtlich der einzelnen taktischen Schritte gedachte man flexibel zu verfahren, denn es war Stalin, der sowjetischen Militäradministration und der Gruppe Ulbricht klar, daß die Vortäuschung des Aufbaus demokratischer Verhältnisse in der sowjetischen Besatzungszone ein wesentliches Element der Taktik sein müsse; daß es die Erreichung des Ziels außerordentlich erschweren müsse, wenn man es offen propagieren und unmittelbar zu realisieren versuchen würde. Es ging also um den Aufbau einer demokratischen Fassade und gleichzeitig die Schaffung einiger fundamentaler Voraussetzungen für das geplante System sowjetkommunistischen Typs. Aus zunächst nur lose nebeneinander zu pla-

zierenden Bausteinen sollte schrittweise das Fundament für die kommunistische Diktatur zusammengefügt werden (vgl.: Klier 1990, 67ff.; H. Weber 1991, 19ff.).
Schauen wir uns zunächst einige Elemente der demokratischen Fassade an (vgl. zum folgenden: H. Weber 1988; ders.: 1991). Hierzu gehörte das ganze neukonstituierte Parteiensystem und insbesondere die Präsentation der Hauptpartei, der SED. Wie Sie wissen, entstand die SED 1946 durch Zusammenschluß der KPD und SPD, und dieser Zusammenschluß war für die KPD von großer Bedeutung, denn sie wußte, daß sie eigenständig keinen großen Rückhalt in der Bevölkerung bekommen würde. Es war eine der Grundvoraussetzungen für den Zusammenschluß, daß die KPD ihre eigenen Ziele verdunkelte: Statt den Aufbau einer kommunistischen Einparteiendiktatur zu propagieren, befürwortete man eine parlamentarisch-demokratische Politik; und statt offen für die radikale Umwälzung der Eigentumsverhältnisse einzutreten, plädierte man - trotz antikapitalistischer Bekenntnisse - für die "völlig ungehinderte Entfaltung des freien Handels und der Unternehmerinitiative". Gegenüber der SPD betonte die KPD besonders die gemeinsame antifaschistische Grundeinstellung und die gemeinsamen Opfer unter der Hitler-Diktatur; und sie beklagte die verhängnisvollen Folgen der (von ihr selbst verschuldeten) Spaltung der Arbeiterbewegung. Dies waren Voraussetzungen, um gegenüber der SPD Glaubwürdigkeit zu erlangen, und gegenüber Teilen der Ost-SPD war man damit auch recht erfolgreich. Die Sowjetische Militär Administration (SMAD), die die Vereinheitlichung massiv forcierte, ging gegen Widerstände in der Ost-SPD vor, indem zum Beispiel Einheitsgegner verhaftet oder mit Redeverboten belegt wurden. Schließlich kam es dann im April 1946 zum Zusammenschluß der beiden Parteien, und hier wurde zwar ein Bekenntnis der neuen Partei zum "Sozialismus" ausgesprochen, aber gleichzeitig gaben die ehemali-

gen KPD-Führer vor, sich vom sowjetischen Modell des Sozialismus deutlich zu distanzieren. Auch die Struktur der neugegründeten SED unterschied sich anfangs deutlich vom kommunistischen Modell der Kaderpartei. Zunächst war die SED eine Massenpartei, in der alle wichtigen Parteifunktionen paritätisch mit ehemaligen Kommunisten und Sozialdemokraten besetzt werden sollten.

Zur demokratischen Fassade in der "antifaschistisch-demokratischen" Phase gehörte auch die Zulassung "bürgerlicher" Parteien, zunächst der CDU und der LDP. Beide Parteien, die von der SMAD scharf überwacht wurden, durften sich für die Erhaltung des Privateigentums und für eine demokratische Politik aussprechen. Es war ein Novum in der Parteiengeschichte, daß alle neugegründeten Parteien sofort in einem "Block" zusammengefaßt wurden, in einer "Einheitsfront antifaschistisch-demokratischer Parteien", die von Anfang an von der SED dominiert wurde. Ganz besonders deutlich wird die pseudodemokratische Fassade des Parteiensystems, wenn man noch die zwei 1948 neu gegründeten Parteien - die NDP und den DBD - hinzuzieht. Beide waren von der kommunistischen Fraktion innerhalb der SED und von der SMAD lancierte Neugründungen, an deren Spitze linientreue Alt-KPDler gesetzt wurden. Diese Parteien sollten Alt-Nazis und Bauern dem organisatorischen Zugriff und dem ideologischen Einfluß der jetzt immer offener kommunistisch auftretenden SED aussetzen, und es ist bezeichnend, daß der NDP aus taktischen Gründen sogar gestattet wurde, zur Mitgliederwerbung offen antikommunistische Parolen zu benutzen. Diese Parteien, faktisch nur Tarnorganisationen der SED, vergrößerten noch einmal deren Gewicht im antifaschistisch-demokratischen Block und versorgten die von der SMAD und der SED gefaßten Beschlüsse mit pseudodemokratischer Legitimation.

Noch wichtiger allerdings für die Strategie der Ausdehnung und Festigung der SED-Macht in der Periode bis 1949 als derartige Gründungen nur formell selbständiger Parteien war die Bildung zweier, vollkommen von der SED bestimmter *Massenorganisationen*. Dies war einmal die 1946 gegründete FDJ, deren Leitung Honecker übertragen wurde, und dies war zum anderen der FDGB, der bereits 1948 nach sowjetischem Vorbild zu einer nur der SED untertanen Massenorganisation umgeformt wurde, die als sogenannter "Transmissionsriemen" zwischen Arbeiterschaft und Partei dienen sollte. Auch diese Massenorganisationen wurden dem sogenannten antifaschistisch-demokratischen Block integriert, wodurch die Macht der SED noch einmal multipliziert wurde.

Man könnte an der Entwicklung der FDJ exemplarisch beschreiben, in welcher Form sich in der Frühphase der DDR der Aufbau demokratischer Fassaden, die dann schrittweise abgetragen wurden, vollzog (dazu ausführlich Klier 1990, 72ff.). Ich beschränke mich auf einige Hinweise.

Im September 1945 wurde unter Ulbrichts Federführung ein "zentraler antifaschistischer Jugendausschuß" gegründet, der im folgenden Frühjahr der SMAD, die alle anderen Jugendorganisationen verboten hatte, einen Antrag auf Gründung einer "überparteilichen, einigen, demokratischen Jugendorganisation" (vgl. Jahnke 1976, 9.8.) zukommen ließ. Die ersten Statuten der FDJ, die später einigemale geändert wurden, fielen auch betont parteiunabhängig aus: Die FDJ wurde als "eine auf demokratischer Grundlage gebildete Organisation der deutschen Jugend, die am Aufbau eines neuen demokratischen Deutschland teilnehmen will" (Freiburg/Mahrad, 1982, 280) definiert, als eine Organisation, die allgemeinen - keinesweg sozialistisch ausgerichteten - jugendpolitischen Zielen nachgehen solle. Die vorgetäuschte Überparteilichkeit der FDJ wurde freilich sehr bald auch offiziell gestrichen: Auf dem 3. Parlament wurde 1949 die Führungsrolle der SED anerkannt, und 1950 folgte das Bekenntnis zum Marxismus-Leninismus. Die FDJ wurde dann im Oktober 1949 in die "Nationale Front" und im Juli 1950 in den "Demokratischen Block der Parteien und Massenorganisationen der DDR" (vgl. Jahnke, 1976, 64) aufgenommen, und sie war damit auch organisatorisch zu einem Element der von der SED zur Errichtung der kommunistischen Diktatur geschaffenen Integrations- und Kontrollorgane geworden. Die SED versuchte frühzeitig, möglichst viele Jugendliche mittels der FDJ an sich zu binden. Dabei half ihr natürlich das Verbot, das die SMAD gegenüber allen anderen Jugendverbänden ausgesprochen hatte. Freilich mußte ihre Öffnungsstrategie massive interne Konflikte erzeugen, als die demokratische Fassade der FDJ abgebaut wurde. Z.B. wurde 1949 Manfred Klein - ein Vertreter der CDU im Zentralrat der FDJ - verhaftet, weil er die politische Linie der FDJ kritisiert hatte, und andere folgten ihm ins Gefängnis (vgl. Klein, 1968, 78ff.). Es war auch unausbleiblich, daß sich Spannungen mit den Kirchen durch das offene Bekenntnis zur marxistisch-leninistischen Programmatik entwickeln mußten, die sich 1955 mit der Einführung der staatlichen Jugendweihe noch verschärften (vgl. Kleßmann, 1991, 55f.).

Ineins mit der Errichtung der - im vorhergehenden skizzierten - demokratischen Fassade in der Periode des "antifaschistisch-demokratischen Aufbaus" wurden wichtige Weichenstellungen für die projektierte Einparteiendiktatur sowjetischen Musters vorgenommen, Weichenstellungen, durch die die gesellschaftlichen Machtbasen der Partei ausgeweitet wurden. Alle diese Maßnahmen wurden unter dem hehren Banner des "Antifaschismus" durchgeführt, sie illustrieren, wie unsinnig es wäre, aus dem Antifaschismusbegriff der DDR-Gründungsphase das "Pro" zu entfernen: das in ihm eingeschlossene Programm zum Aufbau einer neuen Diktatur.
Eine dieser Maßnahmen (vgl. zum folgenden die zitierten Schriften Hermann Webers) war die bereits 1945 von der SMAD initiierte und von der damals noch selbständigen KPD sofort mitgetragene "Bodenreform", die entschädigungslose Enteignung landwirtschaftlicher Flächen über 100 Hektar, die unter der Parole "Junkerland in Bauernhand" durchgezogen wurde. Da die sogenannten "Junker" als Träger des Faschismus etikettiert wurden, konnte auch die Bodenreform als antifaschistische Maßnahme verkauft werden. Die Bodenreform stieß zunächst auf breite Zustimmung in allen Parteien, sie erschien als eine soziale Maßnahme, da das Land unter Bedürftigen - Kleinbauern, Landlosen, Flüchtlingen - verteilt wurde. Aber die Auswirkungen dieser radikalen Umwälzung der Besitzverhältnisse auf dem Land waren doch sehr zweideutig. Denn die zugeteilten Parzel-

len waren größtenteils so klein, daß sie als Existenzgrundlage kaum ausreichten. Daraus resultierte für viele Neubauern ein ökonomischer Zwang, später den LPG's beizutreten. In gewissem Sinn kann also die Bodenreform auch als eine Vorstufe zur späteren Zwangskollektivierung der Landwirtschaft aufgefaßt werden.
Nicht minder bedeutsam wie die Bodenreform war die ab 1946 beginnende Zwangsverstaatlichung der Industrie, für die auch wieder der "Antifaschismus" als Propagandaformel ausgebeutet wurde. Denn die enteigneten Industriellen wurden in Kampagnen als "Kriegsverbrecher und Faschisten" tituliert - ganz im Sinne der kommunistischen Faschismusformel, die ja "das Kapital" zum "Urheber" des Faschismus stilisiert. Ab 1947 wurden dann von der SMAD die Grundlagen für ein planwirtschaftliches Modell nach sowjetischem Muster geschaffen, und ein zentrales Planungsorgan der SED - die sogenannte deutsche Wirtschaftskommission - begann, die Wirtschaftsentwicklung zunächst an Halbjahresplänen zu orientieren. Wie prägend dabei das sowjetische Vorbild war, zeigt sich an vielen Einzelheiten, zum Beispiel an der Übernahme des sowjetischen Stachanow-Systems: Der Kumpel Adolf Hennecke, der im Oktober 1948 nach entsprechender Vorbereitung sein Tagessoll im Steinkohlenbergbau mit 380 % erfüllte, sollte als "Held der Arbeit" den Arbeitern den Weg weisen; entsprechend dem sowjetischen Stachanow-System sollte nun eine Hennecke-Bewegung die Arbeitsproduktivität steigern.
Bodenreform, beginnende Verstaatlichung der Industrie und Planwirtschaft - durchgeführt unter dem Banner des Antifaschismus - waren wesentliche Elemente auf dem Weg zur kommunistischen Einparteiendiktatur. Eine Maßnahme freilich, die in diesem Kontext genauso wichtig ist, ist noch garnicht genannt worden: die ab 1945 von der SMAD durchgeführte Entnazifizierung, die von der SED später auch

immer wieder dazu benutzt wurde, um ihren Anspruch, das "moralisch bessere Deutschland" zu sein, zu untermauern. Nun hat es ohne Frage in der östlichen Besatzungszone eine viel umfassendere und rigorosere Entnazifizierung als in den westlichen Zonen gegeben (bis 1948 wurden ca. 520.000 ehemalige Nazis aus dem Verwaltungs-, Bildungs- und Wirtschaftssystem entfernt), aber auch die Entnazifizierung hatte eine bezeichnende Kehrseite: Sie war eine der entscheidenden Voraussetzungen, um alle wichtigen Stellen mit Anhängern des sich herausbildenden kommunistischen Parteiregimes zu besetzen, war also zugleich ein unverzichtbares Element in der Errichtung der neuen Diktatur. Beim Stichwort "Entnazifizierung" darf auch die Weiterführung ehemals nationalsozialistischer Konzentrationslager, denen eigene hinzugefügt wurden, nicht unerwähnt bleiben. Unter dem häufig völlig willkürlichen Vorwurf, gefährliche Nazi zu sein, wurden bis 1950 mindestens 130.000 Personen vom NKWD in diesen Konzentrationslagern interniert, wo ca. 50.000 umkamen. Unter den Konzentrationslagerhäftlingen befanden sich auch viele Sozialdemokraten, oppositionelle Kommunisten und Jugendliche. Zwischen 1945 und 1950 wurden auch 20-30.000 Verhaftete in die UdSSR deportiert (vgl. H. Weber 1991, 32). So blättert auch hinsichtlich der Entnazifizierung der Lack vom Antifaschismus-Begriff der SED ab, und man kann mit Fug und Recht behaupten, daß der wahre Sinn dieses für die Aufbauphase der DDR zentralen Begriffs sich in unüberbietbarer Eindeutigkeit dann einige Zeit später - im Jahre 1961 - enthüllte: Mit dem "antifaschistischen Schutzwall" schuf sich die DDR eine Außenfassade, die eine weitgehende Kopie der Sicherungsanlagen nationalsozialistischer Konzentrationslager darstellte - der "Antifaschismus" zeigte offen seine Ähnlichkeit mit dem "Faschismus".

Literatur:

W. Benz: Die Gründung der Bundesrepublik. München 1984.
A. Freiburg/Chr. Mahrad: FDJ. Der sozialistische Jugendverband der DDR. Opladen 1982.
K.H. Jahnke: Geschichte der Freien Deutschen Jugend. Chronik. Berlin (Ost) 1976.
Ch. Kleßmann: Jugend zwischen den Diktaturen. In: Aus Politik und Zeitgeschichte 5:1991, 52-62.
F. Klier: Lüg Vaterland. Erziehung in der DDR. München 1990.
W. Leonhard: Die Revolution entläßt ihre Kinder. Berlin 1961.
F. Pohlmann: Ideologie und Terror im Nationalsozialismus. Pfaffenweiler 1992.
W. Rudzio: Das politische System der Bundesrepublik Deutschland. Opladen 1991[3].
H. Weber: Die DDR 1945-1986. München 1988.
Ders.: DDR. Grundriß der Geschichte 1945-1990.

Zeitfracht Medien GmbH
Ferdinand Jühlke-Straße 7
99095 Erfurt, Deutschland
produktsicherheit@kolibri360.de